MARCO POLO

NAMIBIA

Reisen mit

Insider-Tips

Diese Tips sind die ganz speziellen Empfehlungen unserer Autoren. Sie sind im Text gelb unterlegt.

Sechs Symbole sollen Ihnen die Orientierung in diesem Führer erleichtern:

★

für Marco Polo Tips – die besten in jeder Kategorie

für alle Objekte, bei denen Sie auch eine schöne Aussicht haben

für Plätze, wo Sie bestimmt viele Einheimische treffen

für Treffpunkte für junge Leute

(A 1)

Koordinaten für die Übersichtskarte

Die Marco Polo Route in der Karte verbindet die sch...
Punkte von Namibia zu einer Id...

Diesen Führer ...
Der Journalist untern...
dur...
Die Marco Polo ...
von Fer...

MAIRS GEOGRAP... ...ER VERLAG

Unsere Autoren haben nach bestem Wissen recherchiert. Trotzdem schleichen sich manchmal Fehler ein, für die der Verlag keine Haftung übernehmen kann.

Titelbild: Sossusvlei (Dr. Bleinagel)
Fotos: Dr. Bleinagel (7, 9, 17, 27, 33, 42, 47, 70, 76); Friedrichsmeier (4, 12, 18, 20, 22, 24, 29, 37, 41, 59, 65, 69, 82); Irek (Anreise); Janicke (80); Jennerich (50); laif: Ulutunçok (14); Layda (48, 56, 74, 87); Steffens: Postl (53)

2., aktualisierte Auflage 1998 © Mairs Geographischer Verlag, Ostfildern
Lektorat: Ursula Nestler
Gestaltung: Thienhaus/Wippermann (Büro Hamburg)
Kartographie: Mairs Geographischer Verlag; Kartenausschnitt aus WORLD TRAVEL MAP AFRICA SOUTHERN AND CENTRAL © Bartholomew 1995.
Abgedruckt mit der Genehmigung von HarperCollinsCarthographic
Sprachführer: in Zusammenarbeit mit dem Ernst Klett Verlag für Wissen und Bildung GmbH, Redaktion PONS Wörterbücher.

Printed in Germany
Gedruckt auf 100% chlorfrei gebleichtem Papier

INHALT

Auftakt: Entdecken Sie Namibia! 5
»Du kommst und du gehst. Aber wenn du wiederkommst, wirst du für immer bleiben.«

Geschichtstabelle 10

Namibia-Stichworte: Zwischen Aloe und Stechpalme hockt der Gartenzwerg 13
Notizen zu Naturvölkern, Wüstenschutz, Robben und Sandboarding

Essen & Trinken: Die namibische Küche ist weiß 19
Lende von der Schwarzfersenantilope und unvergleichliche Austern

Einkaufen & Souvenirs: Tradition wird wiederbelebt 21
Deshalb kaufe man bei Kooperativen und suche nicht vergeblich nach Rohdiamanten!

Namibia-Kalender: Herero-Tag und deutscher Karneval 23
Und einmal im Jahr wird auf der Avenue getanzt

Windhoek und Zentralnamibia: In unendlicher Weite die Hauptstadt mit urbanen Ambitionen 25
Eine Welt der Braun- und Sandtöne, in der mancherorts Zitronen blühen

Caprivi und Etosha-Nationalpark: Im Laderaum der Arche Noah 43
Wo der Mensch nur Randerscheinung ist

Kaokoveld, Swakopmund, Skelettküste: Unheimliche Landschaften 51
Im Handstand lebende Käfer, gebleichte Knochen an der Küste und Kunst am Fels

Die Namib-Wüste und Walvis Bay: Wo man sich den Farben hingeben kann 71
Flamingos am blauen Himmel, rote Dünenfelder in der Wüste

Südnamibia, Keetmanshoop, Lüderitz: »Diamonds are a girl's best friends« 77
Ein Amphitheater am Meer und eine Geisterstadt im Sand

Praktische Hinweise: Von Auskunft bis Zoll 88
Wichtige Adressen und Informationen für Ihre Reise

Warnung: Bloß nicht! 94
Worauf man achten sollte, um sich nicht zu ärgern oder zu gefährden

Sprachführer Englisch: Sprechen und Verstehen ganz einfach 95

Register 103

Was bekomme ich für mein Geld? 104

Entdecken Sie Namibia!

»Du kommst und du gehst. Aber wenn du wiederkommst, wirst du für immer bleiben.«

Der Farmer mit den wie Leder gegerbten, krummen Beinen bittet auf die Ladefläche seines alten Pick-up. Man möge sich gut festhalten, sagt er und startet den Motor. Es beginnt eine Berg- und Talfahrt wie auf dem Jahrmarkt. Einen steilen Weg hinauf, einen schmalen Weg hinunter, durch das ausgetrocknete Flußbett des Ugab, immer über Steine holpernd und in Bodenvertiefungen absackend. Dann ist die erste Etappe absolviert. Absteigen von der Laderampe, der Besitzer der Farm Omburo Ost Nr. 81, sein Vater deutschstämmig, die Mutter Burin, präsentiert die größte Attraktion auf seinem 7500 ha großen Besitz in der Nähe der Fingerklippe. Rock Art nennt er sie, die Zeichnungen und Gravuren, die einige wettergeschützte Felsen schmücken wie Michelangelos Fresken die Sixtinische Kapelle. Entdeckt hat Eckard Reitz sie im Alter von neun Jahren, beim Spielen auf den Steinen mit seinem Bruder. Als er seinen Eltern davon berichtete, sagten die: Kaffernquatsch, und damit war das Thema erledigt. Erst heute, wo Eckard Reitz im siebten Lebensjahrzehnt steht, ist ihm die Bedeutung dieser Felsengalerie aufgegangen. Der Farmer zeigt mit dem Stock auf eine sorgsam in den Stein geritzte Schildkröte. Sie ist von bizarrer Schönheit und einmalig in Namibia. Er zeigt menschliche Figuren, von Buschmännern vor 10 000 oder 20 000 Jahren mit einem Gemisch aus Naturfarben und Blut auf den Felsen gestrichelt. Er zeigt auf Tiere, vom altsteinzeitlichen Maler beobachtet: der lauernde Gepard, die gravitätisch äsende Giraffe, das bullige Nashorn auf der Flucht vor den Jägern, der Springbock mit dem massigen Geweih, die sprintende Antilope. Hier haben Menschen gelagert, in die Steinkammern haben sie sich nachts wie in eine Höhle zurückgezogen, auf dem Platz davor haben sie das erbeutete Wild zerlegt, durch Schnalzlaute Wohlbehagen auf das kommende Festmahl ausgedrückt, Feuer gemacht, ihre Speerspitzen über Steine geschleift, um ihnen Schärfe zu geben, und nach dem

Felszeichnungen und -gravuren wie diese in Twyfelfontein geben Einblick in prähistorisches Leben

Essen die imposante Kulisse genossen: blaue Berge im Hintergrund, davor die malerischen Tafelberge, noch davor das hügelige Land. Und einige von ihnen sind in Mußestunden zu Künstlern geworden. Für Eckard Reitz ist die Rock Art von großer ökonomischer Bedeutung. Seine rund 500 Rinder und Karakulschafe hält er nur noch für den Eigenbedarf, seine Farmwirtschaft liegt seit den vielen Jahren, in denen dem Land eine anhaltende Dürre zusetzt, am Boden. Nun eröffnen sich neue Dimensionen. Der gesamte Farmbetrieb wird auf Besucher umgestellt. Denn »seine« Felszeichnungen und -gravuren sind farbenfreudiger und schärfer konturiert als die in Twyfelfontein, zu denen es bisher die Touristen in Scharen zieht.

Namibia ist so groß wie Dänemark, Deutschland, Luxemburg, die Schweiz, Österreich und das nördliche Italien zusammen – hat aber insgesamt weniger Einwohner als Hamburg. Wo sich in Deutschland auf einem Quadratkilometer 228 Menschen »drängeln«, verlieren sich hier auf gleichem Raum 1,6 Namibier. Wenig Menschen, viel Natur. Ein Land als Ozean voller Wüste, als Savanne mit prallem Leben, als Urwald am Okavango, als Laderaum der Arche Noah. Ein Land mit einem der ganz großen Wildschutzgebiete und der wildesten Küste der Erde. Die nationale Tourismuswerbung ist nicht maßlos, wenn sie von Namibia als dem Diamanten Afrikas spricht. Die beste Möglichkeit, die Beschaffenheit des Diamanten von allen Seiten zu begutachten, ist der Blick von oben. Wer das Land am südwestlichen Zipfel des Schwarzen Kontinents, zwischen Angola und Südafrika, Atlantik und Botswana, aus dem Flugzeugfenster betrachtet, lernt das Staunen neu. Von der Nord- zur Südgrenze sind es 1500 Kilometer, das ist die Entfernung Hannover–Rom, von der Ost- zur Westgrenze sind es 600 Kilometer, das entspricht der Strecke Berlin–Paris. Namibia ist zweieinhalbmal so groß wie Deutschland. Aber es hat grundverschiedene Vegetationsformen. Auf allen gleißt despotisches Sonnenlicht, typisch afrikanisch, doch an der Küste ist es so kalt wie im November in einer deutschen Kiesgrube, in den Ortschaften so klamm wie im Winter an der Nordsee. Antarktisches Wasser und heißes Landklima bringen an der Skelettküste ein verrücktes Klima hervor, das als Nebel in den Morgenstunden die tückischen Klippen und die endlose Öde verhüllt und auch einsame Camper narrt, wenn sie aus dem am Abend noch überheizten Zelt in die tropfnasse Frühe treten. Beim Flug über die Grenze zwischen dem brausenden, stürzenden, von Plankton gelbgrün schäumenden Meer und dem stillen, wüsten Hinterland beginnt sich die Wirklichkeit irgendwann zu verflüchtigen. Namibia ist kein Land mehr, sondern ein Zustand, ein fremder Stern, mit einemmal gänzlich unafrikanisch – es befriedigt kein Afrika-Klischee mehr. Das Hinterland der Küste, die Namib, eine der alten und seltsamen Wüsten der Welt, wirkt wie ein riesiges, das gesamte Land in Nord-Süd-Richtung durchziehendes Tuch, in das eine Hand weiche Falten gedrückt hat. Hinter schroffen Felskonturen ragen weiche Steine empor, die der Wind wie mit Zimt bepudert hat. Zwischen den scharfen Rückgraten der Berge wälzen sich Ströme von Sand, und auf die Hochebenen hat das verdorrende Gras einen zartblauen Schimmer gezaubert. Was morgens noch rosig glühte, füllt sich am späten Nachmittag, wenn die Sonne nur noch eine halbe Kupfermünze ist, die unausweichlich im Schlitz der Gebirge verschwindet, mit mauvefarbenen Schatten. Der Mond malt einen Quecksilberstrom bis zum Horizont über die Hügel, und in der silbrigen Schärfe seines Lichts werfen die Berge immer präziser gezeichnete dunkle Schattenbilder. Gelblich, schwach, zwischen Dunkelheit und Dunkelheit verstreut, flimmern die Lichter der Ortschaften und kleinen Städte entlang der Küste auf. Als mühten sie sich vergebens, den Sternen in ihrer Sprache zu antworten. Das Leben in Swakopmund, in Walvis Bay, in Lüderitz ist geprägt von bescheidenen urbanen Ambitionen, es wirkt europäisch, aber Afrika ist immer ganz nahe. Da besucht man ein Restaurant, eine Disko, ein Kino, läuft über eine gut asphaltierte Straße, durch einen gepflegten Park, über eine Seepromenade. Zwei Straßen weiter endet die Stadt wie ein Schiff, das mit dem Bug auf Küstensand stößt. Die Wüste beginnt.

Für Besucher ist das schon exotisch, aber die wahre Exotik begegnet ihnen im Umgang mit den Bewohnern des jüngsten afrikanischen Staates, der erst seit 1990 unabhängig ist. Man spricht Deutsch. »Mahlzeit«, sagt der pechschwarze Kellner; »einen schönen Tag« wünscht das Nama-Zimmermädchen, auf dessen Hin-

Der gewaltige Oranje markiert die Grenze zur Republik Südafrika

terbacken der Nachwuchs reitet. Nur für etwa zwei Prozent der Namibier ist Deutsch Muttersprache, aber der deutsche Einfluß ist groß auf Architektur, auf Namensgebung von Straßen und Gebäuden, auf Denkmuster und auf Verhaltensweisen. Namibias Geschichte ist mit der deutschen Kolonialzeit von 1884 bis 1915 eng verbunden. Die willkürlichen Grenzverläufe des Landes markieren den Einflußbereich europäischer Mächte. Im Kampf und im Handel um Vorherrschaft auf dem Schwarzen Kontinent wurden die Kolonialgebiete aufgeteilt. Kuriosestes Beispiel ist der Caprivi-Zipfel, der aus der Landmasse Namibias wie ein Appendix in den Osten gerammt ist. Der deutsche Reichskanzler Leo von Caprivi handelte 1890 den Engländern diesen Landstreifen ab, der als Korridor gedacht war, um die deutschen Besitzungen in Südwestafrika mit denen in Ostafrika, dem heutigen Tansania, zu verbinden. Die Deutschfreundlichkeit der Namibier ist überwältigend, obgleich sie nicht ungetrübt sein kann. Die waffentechnische Überlegenheit der frühen Siedler und späteren Einwanderer hat Vernichtung afrikanischen Lebens in großem Maße zur Folge gehabt. Die imperialistischen Tentakel des deutschen Kaiserreiches rafften nach Rohstoffquellen und schufen Absatzmärkte für die heimische Industrie. Es waren ökonomische Gründe, die die Deutschen ins Land einrücken ließen, nachdem der voraussegelnde Bremer Kaufmann Lüderitz von einem Nama-Häuptling einen Landstreifen erworben hatte und damit das Terrain bereitete zur darauffolgenden Inbesitznahme des Landes durch das Deutsche Reich. Angestammte, die sich den Eroberern entgegenstellten, wurden gnadenlos niedergemetzelt, die Überlebenden in Reservate eingewiesen und als billige Arbeitskräfte ausgebeutet. Doch trotz der grausamen Eroberungspolitik in Deutsch-Südwest haben diese 30 Jahre das Land geprägt wie keine andere Periode. Die Relikte deutscher Anwesenheit sind in Namibia allgegenwärtig. Aus der tiefen Feindschaft zwischen den Rassen ist ein behutsames Miteinander geworden, wobei der glückliche Umstand eine Rolle spielte, daß es in Namibia zwar eine Unterdrückung der Schwarzen durch die Weißen gab, aber keine offizielle Apartheid wie in Südafrika. Das hat die Wunden schneller heilen lassen und die *reconciliation,*

Die Marco Polo Bitte

Marco Polo war der erste Weltreisende. Er reiste in friedlicher Absicht, verband Ost und West. Er wollte die Welt entdecken, fremde Kulturen kennenlernen, nicht zerstören. Könnte er für uns Reisende des 20. Jahrhunderts nicht Vorbild sein? Aufgeschlossen und friedlich sollte unsere Haltung auf Reisen sein. Dazu gehören auch Respekt vor Mensch und Tier und die Bewahrung der Umwelt.

WWF

Nicht nur Jeeps sind auf Namibias Straßen unterwegs

die Versöhnung der im Land lebenden Völker in einem gemeinsamen staatlichen Verbund, erleichtert. Seit der Unabhängigkeit sind alle egalitär, vereint unter der auf allen öffentlichen Gebäuden wehenden Staatsflagge in den Farben des Regenbogens.

Englisch wurde zur offiziellen Landessprache ernannt, die Burensprache Afrikaans und Deutsch gelten nach wie vor als Amtssprachen. Darüber hinaus existieren zahlreiche afrikanische Sprachen und Dialekte. Unter Führung der Swapo (South West African People's Organization), die zunächst marxistisch orientiert war, nach dem Zusammenbruch des Ostblocks jedoch auf einen Kurs der Versöhnung schwenkte und sich der Marktwirtschaft öffnete, sucht ein Staat mit vielen Problemen, vor allem einer hohen Arbeitslosigkeit, seinen Weg in die Gemeinschaft der selbstbestimmten Völker. Namibia hängt nicht, wie die meisten afrikanischen Länder, am Tropf internationaler Nothilfe und macht keine Schlagzeilen mit ethnischen Konflikten, Massakern und Flüchtlingsströmen. Putschoffiziere und Despoten haben hier kein Heimrecht. Der Rebellenchef und »Terrorist« Sam Nujoma ist längst zum Vater der Nation geworden. Er steht für das in Afrika ausnehmend entspannte Verhältnis zwischen Afrikanern und Europäern und öffnet das Land einem ökologisch orientierten Tourismus, der bald die wichtigste Einnahmequelle Namibias darstellen wird. Die traditionelle Gastfreundschaft der Namibier drückt sich in einem Wort der San (Buschleute) aus, der ältesten Ethnie des Landes: »Du kommst und du gehst. Aber wenn du wiederkommst, wirst du für immer bleiben.«

Geschichtstabelle

27 000 bis 25 000 v. Chr.
Reste bemalter Steinplatten im Süden Namibias (Huns-Berge) belegen die erste Besiedlung

Ab 5000 v. Chr.
Zahlreiche Felsmalereien zeugen von jahrtausendelang durchs Land ziehenden Nomaden

1. Jh. v. Chr.
Nama-Viehhirten siedeln sich an verschiedenen Stellen im Gebiet des heutigen Südnamibia an

1486
Der portugiesische Seefahrer Diego Cão betritt am Kreuzkap als erster Europäer das Land

15./16. Jh.
Völkerwandernde Bantu-Stämme, vor allem Herero, dringen von Nordosten her ins Land ein. Ackerbauern des Ovambo-Stammes setzen sich am Kunene-Fluß fest

18. Jh.
Nama drängen aus der südafrikanischen Kapregion ins Land und liefern sich militärische Auseinandersetzungen mit den Herero. Weiße Händler und Missionare gelangen in den Südwesten

1761
Die Kapregierung entsendet eine Expedition nach Südnamibia

Erste Hälfte 19. Jh.
Unter dem Druck burischer Landnahme in Südafrika weichen Nama-Gruppen nach Norden aus. Blutige Kämpfe mit den Herero

Ab 1840
Die Nama mit ihrem legendären Häuptling Jan Jonker Afrikaner siedeln in Zentralnamibia.
Beginn der Missionstätigkeit der protestantischen Rheinischen Missionsgesellschaft

Ab 1850
Abbau der Kupfervorkommen durch europäische Handelsgesellschaften. Reger Tauschhandel. Uneinigkeit in den Fragen der Landverteilung unter namibischen Stämmen

1883
Der Bremer Kaufmann Adolf Lüderitz erwirbt von den Nama Land im Süden Namibias und verfolgt neben eigenen Handelsinteressen das Ziel der Kolonisierung des Landes durch das Deutsche Reich

1884
Südwestafrika wird bei der Berliner Konferenz zur kolonialen Aufteilung Afrikas zum deutschen »Schutzgebiet« erklärt

1885
Gründung der Deutschen Kolonialgesellschaft für Südwestafrika, die deutsche Siedler ins Land bringt

1891
Windhoek wird Sitz des deutschen Kommissariats

1904
Beginn des Herero-Aufstands in Okahandja. Mindestens 65 000 Herero verlieren im Kampf mit der deutschen Schutztruppe ihr Leben

1907
Nach dreijährigem Kampf besiegen die Deutschen die Nama im Süden des Landes. Die Besiegten werden in Reservate eingewiesen und zur Zwangsarbeit verpflichtet

1908
Entdeckung der Diamantvorkommen bei Lüderitz. Systematischer Eisenbahnbau und starker Handelsaufschwung

1915
Ende der deutschen Kolonialherrschaft. Streitkräfte aus Südafrika übernehmen das Land

1921
Südafrika erhält vom Völkerbund das Mandat für Südwestafrika und entsendet einen Generalgouverneur. Burische Farmer kommen ins Land

1946
Südafrika erhebt Anspruch auf Namibia

1960
Gründung der Swapo (South West African People's Organization) in Daressalam. Sam Nujoma wird ihr Präsident

Ab 1962
Bildung von *homelands* nach südafrikanischem Vorbild

Ab 1966
Beginn des bewaffneten Kampfes der Swapo vor allem in Ovamboland

1973
Die UN-Vollversammlung erkennt die Swapo als »authentische Repräsentation des namibischen Volkes« an

1975–78
Die von Südafrika inspirierte Turnhallen-Konferenz versammelt die konservativen Kräfte zur Übernahme des Landes. Die Swapo bleibt ausgeschlossen

1979
Die Aufhebung der Rassendiskriminierung wird zum Gesetz erklärt

1983
Auflösung der Nationalversammlung, der südafrikanische Generaladministrator übernimmt die Alleinherrschaft

1988
Waffenstillstand im benachbarten Angola, von wo aus die Swapo operiert. Verhandlungen über den Verlauf des Unabhängigkeitsprozesses

1989
Sam Nujoma und andere Exilierte kehren nach Namibia zurück. Erste freie Wahlen, bei denen die Swapo die Mehrheit erhält

1990
Feierliche Verkündung der Unabhängigkeit im Februar. Sam Nujoma ist Ministerpräsident. *Reconciliation* (Versöhnung zwischen Unterdrückern und Unterdrückten) wird zum Programm

1994
Die Enklave Walvis Bay, bislang südafrikanisches Hoheitsgebiet, wird an Namibia abgetreten

1995
Wahlen im Februar sichern der Swapo die Einparteienherrschaft

CCCP
USA

Zwischen Aloe und Stechpalme hockt der Gartenzwerg

Notizen zu Naturvölkern, Wüstenschutz, Robben und Sandboarding

Bevölkerung

Von den etwa 1,65 Millionen Namibiern sind rund 80 000 weiß. Wer hellhäutig ist, stammt von Deutschen oder Briten ab, von Buren und zu einem kleineren Teil von aus Angola eingewanderten Portugiesen. Der weißen Minderheit gehört nach wie vor der Großteil der ökonomischen Macht. Der schwarze Bevölkerungsteil setzt sich im wesentlichen aus zehn Ethnien zusammen: Die *San* – von den Europäern Buschmänner genannt – gelten als Ureinwohner des Landes, ein Teil von ihnen pflegt heute noch die traditionelle nomadische Lebensweise. Auch die *Damara* zählen zu den ältesten Bevölkerungsgruppen Namibias. Sie wurden von den aus dem Süden einwandernden *Nama* kolonisiert und ihrer Kultur weitgehend beraubt. Die *Herero* stammen von den Viehzucht treibenden Bantu-Völkern ab, die seit dem 15. Jh. auf der Suche nach Weidegründen aus dem Nordosten ins Land drängten. Die *Himba* im Kaokoveld sind die am meisten naturverbundenen und ihrer Tradition verpflichteten Namibier, doch ihre urwüchsige Existenz ist durch die Ausweitung des Tourismus bedroht. Die *Ovambo* bilden den bevölkerungsreichsten Stamm, im Kampf um die Unabhängigkeit Namibias spielten sie in diesem Jahrhundert eine große Rolle; mit Sam Nujoma stellen sie den ersten Präsidenten der unabhängigen Nation. Die *Orlaam*, ein Nama-Stamm, wurden durch die Druckwelle europäischer Besiedlung Südafrikas im 19. Jh. auf namibisches Territorium gespült. Die *Kavango* an den Ufern des Okavango sind ebenfalls ein ursprüngliches Bantu-Volk. Die *Caprivianer* sind im Caprivi-Streifen versprengt, der Tourist auf Stippvisite kommt kaum mit ihnen in Berührung. Namibias äußerlich auffälligste Bevölkerungsgruppe bilden die *Rehobother Baster*, Mischlinge aus Verbindungen

Junge Schwarze bilden die größte Bevölkerungsgruppe

von Nama und Europäern, die im vergangenen Jh. aus der Kapprovinz gen Norden treckten und sich um Rehoboth ansiedelten.

28 Prozent der Namibier leben in Städten (in Deutschland: 86 Prozent). Da die Landflucht anhält, wird sich diese Zahl weiter erhöhen. Die Lebenserwartung liegt bei 58 Jahren (in Deutschland: 77 Jahre), 45 Prozent der Namibier sind noch keine 14 Jahre (in Deutschland: 16 Prozent). Nur 86 000 Namibier sind reguläre Steuerzahler, darunter einige – weiße und schwarze – Millionäre, während der Großteil der Bevölkerung an und unter der Armutsgrenze lebt. Das Stadtviertel Katutura in Windhoek ist ein plastisches Beispiel für die Bevölkerungszusammensetzung: In dem teilweise slumartigen Viertel leben viele Schwarze, die weder lesen noch schreiben können und keiner geregelten Arbeit nachgehen (können). Nur fünf Prozent Weiße sind hier angesiedelt. Erst wenn dieses Viertel saniert und »durchmischt« ist, so die Swapo, wird aus dem Entwicklungsland Namibia ein »Schwellenland« werden. Die Swapo regiert mit 72 Prozent aller Wahlstimmen, die Oppositionsparteien im Parlament sind nahezu bedeutungslos. Wirtschaftlich verzeichnet das Land – nach Südafrika – die zweithöchste Zuwachsrate in Afrika (über drei Prozent pro Jahr).

Gästefarmen

Guest Farms mit Familienanschluß gibt es viele in Namibia. Sie heißen Elisenheim, Immenhof oder Albrechtshöhe und bereichern das touristische Angebot des Entwicklungslandes ungemein. Auf der Gästefarm wird der Besucher allmählich zum Insider, der Landschaftsausflug zum Bildungsurlaub. Die Farmer unternehmen mit ihren Gästen Ausflüge, Abenteuerwanderungen, fahren zu Wildbeobachtungssafaris oder zur Jagd und lassen die Besucher an ihrem All-

An Flüssen wie dem Okavango sichert Fischfang die Ernährung

tag teilhaben. Einige organisieren sogar Safaris mit eigenen Flugzeugen. Die Atmosphäre ist meistens herzlich, die Preise sind solide, viele Farmer haben für ihre Gäste einen Swimmingpool gebaut oder einen tropischen Garten angelegt. Gelegentlich hockt zwischen Stechpalme und Aloe ein Gartenzwerg. Für immer mehr Farmbetriebe ist der Tourismus bereits einträglicher als Landwirtschaft. Das kommt auch der Tierwelt zugute. Für die Viehfarmen war das Raubwild zu einer Plage geworden, jetzt wird es als Wirtschaftsfaktor gehegt. Etwa 80 Prozent der rund 6000 großen kommerziellen Rinder- und Schaffarmen – von denen nicht wenige bis halb so groß sind wie das Saarland – werden seit Generationen von deutschstämmigen Farmern bewirtschaftet. Deren Zukunftsängste bestehen heute hauptsächlich darin, daß viele »Südwester« nicht wissen, was aus ihnen und ihrem Besitz im unabhängigen Namibia wird. Immer wieder redet die Regierung von einer Bodenreform, der Reduzierung und Umverteilung von Großgrundbesitz zugunsten der landlosen Bevölkerungsmehrheit und entsprechender Entschädigung. Viele Weiße haben noch keinen namibischen Paß beantragt, obwohl sie nicht an ihrem Heimatrecht in Namibia zweifeln und sich im engen, dichtbevölkerten Europa nicht heimisch fühlen würden.

Naturvölker schützen

Eine verhältnismäßig perfekte Infrastruktur, wilde Tiere nicht nur in Nationalparks und Einheimische verschiedener Stämme, die immer noch leben wie ihre Vorfahren – das alles macht das Land zu einem interessanten Reiseziel, gerade auch für Individualtouristen, die fast überall hinkönnen und freizügig reisen dürfen. Vielen aber, wird im Umwelt- und Tourismusministerium geklagt, fehlt es am elementaren Natur- und Umweltverständnis. Dadurch ist der Lebensraum der Naturvölker bedroht. Am meisten betroffen sind die Himba. Manche Touristen schlagen ihr Lager direkt an Wasserstellen auf und verschmutzen das wertvolle Gut mit Seife und Shampoo, so daß es für einheimische Menschen und Tiere ungenießbar wird. 1994 waren allein an den Epupa-Fällen 10 000 Besucher, von denen sich die meisten weigerten, wenigstens die erwartete Spende von 25 N$ für die Sauberhaltung der Fälle zu zahlen. Der Besucher sollte nie vergessen, daß er den Siedlungs- und Bewegungsraum anderer Völker durchquert – daß er zu Besuch ist.

Robben

Der *Arctocephalus pusillus pusillus*, gemeinhin auch Zwergpelzrobbe genannt (Gattung der Ohrenrobben), gehört zu Namibia wie Sand, Wildnis und Großwild. Die gesamte Robbenpopulation des Landes wird auf 1,6 Millionen geschätzt, so viel wie Namibia Einwohner hat. Durch die weitgehende Ausrottung ihrer natürlichen Feinde, der Killer- oder Schwertwale, hat die Zahl der Robben zugenommen. Südlich von Swakopmund und Walvis Bay, aber auch an der Skelettküste kann man nicht an ihnen vorbeiriechen. Während der Brunftzeit (Sept.–Dez.) bieten sie das größte Spektakel.

Durch das Abschlachten der Robben kommen an die 40 000 Tiere pro Jahr um. Das Robbentöten erregt in Europa und Amerika Tierschützer, aber Namibias Fischereiindustrie besteht auf einer gezielten Verringerung der Populationen, weil eine Robbe pro Tag acht Prozent ihres Körpergewichts an Nahrung benötigt und dadurch die Fischbestände im Südatlantik zurückgehen. Dennoch ist es inakzeptabel, daß Robben, zumeist Jungtiere, beim Robbenschlag durch unerfahrene Hilfskräfte teilweise einer qualvollen Tortur bis zum Verenden ausgesetzt sind. Daß ein ökonomisch labiler Staat seine natürlichen Ressourcen auch wirtschaftlich nutzt, ist ihm nicht zu verdenken, Pelze (der zweite unter dem strähnigen, glanzlosen Fell), Fett (Kosmetikindustrie), Knochen (Düngemittel) und die getrockneten Genitalien der Bullen (Aphrodisiaka) sind gut zu verkaufen.

Sandboarding

Viele Touristen, die zu den Dünen zwischen Swakopmund und Walvis Bay gelangen, machen es, indem sie sich einfach auf ein Brett setzen und mittels Schwerkraft von oben nach unten rutschen, wobei sie oft im Sand steckenbleiben. Die wahre Dimension dieser Art von Freizeitgestaltung erschließt sich aber nur jenen, die Sandboarding auf einem speziellen Brett mit Sicherheitsbindung und Stiefeln betreiben. Fortgeschrittene Sandboarder auf steileren Dünen erreichen recht hohe Geschwindigkeiten und müssen die Tricks, das Brett zu steuern, sehr gut beherrschen, um nicht zu fallen. Am schwierigsten ist das Rampen: Man baut sich eine kleine Sprungschanze und segelt einige Meter durch die Luft, bevor man wieder Sandberührung bekommt. Für alle Sandboarder gilt: Die Düne sollte gut ausgesucht sein. Auf manchen liegen Glasscherben oder andere Störobjekte, die Verletzungen verursachen können. Auch muß man darauf achten, daß die Düne nicht auf hartem Boden oder Steinen ausläuft, sondern daß man auf weichem Sand ausfahren kann. Die höchsten und besten Dünen liegen auf der östlichen Seite des Dünengürtels, also auf der Wüsten- und nicht auf der Seeseite.

Segel- und Drachenfliegen

Stabile Witterungsverhältnisse und die daraus resultierende optimale Thermik bieten gute Möglichkeiten, sich in die Lüfte zu erheben. Das Drachenfliegen wird vor allem in den Dünen ausgeübt. Ein Dorado für Segelflieger ist die 200 km südöstlich von Windhoek gelegene Gästefarm *Bitterwasser (P. O. Box 13003, Windhoek, Tel. und Fax 06672/38 30). Weitere Auskünfte über den Aeroclub am Eros-Flughafen in Windhoek, Tel. 061/23 44 62*

Strauße

Der bis zu 2,80 Meter große und bis zu 150 kg schwere afrikanische Laufvogel wird des öfteren am Namibia-Reisenden mit 50 km/h vorbeisprinten. Der Vogel ist wie erschaffen fürs Marketing: Neben cholesterinfreiem Fleisch liefert er die von der Schuhindustrie begehrte, markant genarbte Haut, seine großen Federn gehören in jeden Thea-

1838 wurde in Afrika die erste Straußenfarm eingerichtet

terfundus, die kleinen sind wegen ihrer antistatischen Eigenschaft in der Elektroindustrie gefragt. Die Eier werden für amerikanische Züchter exportiert. Der Straußenreichtum bringt dem Land begehrte Devisen. Zudem brauchen die Züchter wenig Land: 40 dürre Hektar reichen für 350 Tiere. Im südlichen Sommer, zwischen Oktober und März, sind die Tiere in Paarungslaune. Dann tragen die Hähne leuchtendes Rot auf Läufen und Schnabel, die Hennen überbieten sich gegenseitig in Balzgesten, wobei sie mit den Augendeckeln klimpern, tänzeln, zu Boden sinken, leicht mit den Flügeln schlagen und sich im Staub winden.

Wüstenschutz

Die Wüste lebt. Sie ist Siedlungsraum für Käfer und Reptilien, die sich in Millionen Jahren zu Überlebenskünstlern spezialisiert haben, für Antilopen, Zebras und Springböcke, Hyänen, Schakale und Strauße; sogar Löwen, Schwarze Nashörner und Elefanten halten sich dort auf, wo es wüst und nicht leer ist. Vor allem in der Namib-Wüste sind menschliche Fußstapfen vielerorts unerwünscht, und Reifenspuren können irreparable Schäden anrichten. Sie verwehen, entgegen landläufiger Meinung, auch nach Jahrzehnten nicht. Besucher, die von den gekennzeichneten Wegen abfahren, vernichten unter ihren Reifen die Flora und Kleinfauna unter den Steinen. Weil die oberste Schicht des Wüstenbodens porös ist, ändert sich durch das pressende Gewicht des Fahrzeugs die gesamte Bodenstruktur. Bis zu hundert Jahre kann es dauern, bis der Nährboden wieder seine ursprüngliche Form annimmt. Auch wer bei der Inaugenscheinnahme eines Flechtenbewuchses einen Stein aufhebt, sollte ihn an seine ursprüngliche Stelle zurücklegen. Und wer als Individualreisender im Jeep unterwegs ist, sollte darauf achten, nur ein Fahrzeug zu benutzen, das die festgelegte Reifenbreite nicht überschreitet, und die markierten Pisten nicht verlassen.

THE SOUTH WEST BREW
Windhoek
Lager
Das echte Südwester Bier
Windhoek Bier

Die namibische Küche ist weiß

Lende von der Schwarzfersenantilope und unvergleichliche Austern

Namibia ist kein Land für Gourmets, eher für Gourmands. Obwohl einige Restaurants in Windhoek und Swakopmund sichtlich höhere kulinarische Weihen anstreben, zeichnet sich die landestypische Küche nach wie vor hauptsächlich durch volle Teller aus. Darauf liegen Schnitzel und Sauerkraut oder der Oryx-Braten Baden-Baden mit Spätzle und Rotkohl, Kudufleisch mit Klößen und cholesterinarmes Straußenfleisch mit Kartoffelbrei. Die traute Landjägerwurst ist Spezialität. Immerhin zählt das namibische Rindfleisch zum wohlschmeckendsten und gesündesten der Welt, denn die Tiere werden auf den Farmen naturbelassen gefüttert. Die traditionelle Küche der schwarzen Bevölkerungsmehrheit aus Hirse, Kuh- und Ziegenmilchprodukten offeriert kein Restaurant. Im Norden kann man allenfalls *milipapp* probieren, den afrikanischen Maisbrei, der sehr gesund sein soll, oder *biltong*, gedörrtes, scharf gewürztes Fleisch vom Rind oder der Antilope, das sehr schmackhaft sein kann. Der Begrüßungstrunk aus geronnener Ziegenmilch, den Besucher in den Dörfern der Himba gereicht bekommen, ist allerdings nicht unbedingt jedermanns Geschmack. Empfehlenswert sind Fischspeisen. In Swakopmund werden sehr köstliche geräucherte Barben mit Zwiebelringen angerichtet, und in Lüderitz sollte man sich einen Teller voller Hummer auftischen lassen (oftmals falsch Riesenflußkrebs benannt). Frische namibische Austern gehören zu den besten der Welt. Gut zubereitet, kann Fleisch von Krokodilen, Zebras und Elenantilopen, Kudus und Kaffernbüffeln, Springbökken und Schwarzfersenantilopen eine willkommene Geschmacks-Abwechslung sein. Die frischen Gemüse und tropischen Früchte nicht zu vergessen. Die erstklassigen südafrikanischen roten und weißen Weine werden zu recht günstigen Preisen veräußert, in Windhoeker Spitzenrestaurants können sie mitunter auch hochpreisig sein. Bierliebhaber finden in ganz Afrika keine bessere Tränke.

Nach deutschem Reinheitsgebot gebraut und in Bayern getestet: Die Namibier lieben ihr Bier

Tradition wird wiederbelebt

Deshalb kaufe man bei Kooperativen und suche nicht vergeblich nach Rohdiamanten!

Vieles, was aus der Natur stammt und dennoch durch menschliche Hände gegangen ist, empfiehlt sich als schönes Mitbringsel aus Namibia. Zum Beispiel unsortierte polierte Halbedelsteine – Achat, Chalzedon, Jaspis, Amethyst, Tigerauge. Auch Mineralien, besonders die feinen Turmaline, sind in großer Auswahl und zu vernünftigen Preisen vorhanden. Rohdiamanten dagegen gibt es nicht in einem der diamantenreichsten Länder der Erde. Allenfalls in Form von im Ausland bearbeiteten Brillanten. Auf den Besitz von Rohdiamanten stehen übrigens hohe Strafen. Die Pelz- und Lederverarbeitung hat in Namibia Tradition. Es werden hauptsächlich Produkte aus *Swakara,* dem heimischen Persianer, angeboten (preiswert direkt vom Hersteller). Außerdem werden auch Rotkatzen, Schabracken-Schakale und andere Wildtiere mehr oder weniger modisch verarbeitet. Doch das Washingtoner Artenschutzabkommen verbietet die Einfuhr von Fellen aller gefleckten Raubkatzen, von Säbelantilopen und Zebras und Häuten von Nashörnern, Krokodilen und Elefanten nach Europa. Deshalb wähle man als Bettvorleger oder Wandteppich lieber ein Karakulprodukt. Größere Teppiche können problemlos per Seefracht nach Hause geschickt werden. Viele Webereien arbeiten auf Bestellung, so daß es möglich ist, das Motiv selber auszuwählen. Auch Elfenbein darf nicht in europäische Länder gelangen. Mit Outdoor-Kleidung kann man sich in Namibia standesgemäß eindecken. Die Ware ist meist von bester Qualität. Vor allem die Frauen der Nama, der Damara und der Herero bieten Kleidungsstücke an, die mit Knöpfen aus Antilopenhorn, Perlen aus Straußeneierschalen oder Leder und Holz verziert sind. Traditionelle Schnitz- und Textilarbeiten sind ausgesprochen schön. Die Kooperativen, die das einheimische Kunsthandwerk wiederbeleben und pflegen, wachsen stetig; viele von ihnen werden staatlich unterstützt, und wer bei ihnen kauft, hilft meist sehr direkt von Arbeitslosigkeit betroffenen Familien.

Vor allem Pflanzen und Tiere sind Motive der Teppiche aus Schafswolle

Herero-Tag und deutscher Karneval

Und einmal im Jahr wird auf der Avenue getanzt

OFFIZIELLE FEIERTAGE

1. Januar *(New Years Day)*; 21. März *Unabhängigkeitstag (Independence Day)*; *Karfreitag und Ostermontag (Good Friday* und *Easter Monday)*; 1. Mai *Tag der Arbeit (Workers Day)*; 4. Mai *(Cassinga Day)*; *Christi Himmelfahrt (Ascension Day)*; 25. Mai *Afrikatag (Africa Day)*; 26. August *Tag der Helden (Heroes Day)*; 10. Dezember *Tag der Menschenrechte (Human Rights Day)*; 25. Dezember *Weihnachten (Christmas)*; 26. Dezember *Tag der Familie (Family Day)*

VOLKSFESTE UND FESTIVALS

Der Festivalkalender ist deutsch diktiert. Ende April oder Anfang Mai werden in Windhoek und im Juli in Swakopmund ★ *Karnevalsfeiern* in großem Stil veranstaltet. Nicht nur was deutschstämmig ist, greift dann zur Pappnase. Höhepunkte sind je ein Umzug: der Wika (Windhoek Karneval) und der Küka (Küstenkarneval). Die späten Daten erklären sich mit dem Ende der Regenzeit.

Von lokaler Bedeutung ist das jedes Jahr am letzten Augustsonntag in Okahandja stattfindende ★ *Herero-Treffen*, bei dem der Toten des Herero-Aufstands gedacht wird. Es wimmelt von viktorianischen Kleidern und alten Uniformen, ansonsten längst verstaubte Waffen sind hier und da zu sehen. Seit 1990 wird an einem Novembersamstag in Windhoek das *Enjando-Straßenfest* gefeiert. Die Independence Avenue ist dann autofrei und gehört Musikern, Tanzgruppen und Straßenhändlern.

Herero-Treffen in Okahandja

MARCO POLO TIPS FÜR FESTE

1 **Karneval**
Die Umzüge Ende April/ Anfang Mai finden unter tropischer Sonne statt (Seite 23)

2 **Herero-Treffen in Okahandja**
Prächtig gekleidete Herero ehren ihre toten Häuptlinge (Seite 23)

In unendlicher Weite die Hauptstadt mit urbanen Ambitionen

Eine Welt der Braun- und Sandtöne, in der mancherorts Zitronen blühen

Das zentrale Namibia zwischen den Markierungspunkten Outjo und Grootfontein im Norden sowie Mariental und Maltahöhe im Süden vermittelt dem Reisenden etwas Namibia-Typisches: entgrenzte Weite. Was auf der Landkarte als mittelgroßer Ort erscheint, ist in der Wirklichkeit oft nur eine lose bebaute Siedlung. Die Fahrt führt meistens durch karstig-braune, bergige Savannenlandschaft. Die Straßen *(pads)* sind fast durchweg in einem guten Zustand, Schotterpisten werden öfters gehobelt, und wer in Richtung Süden fährt, kommt an einem Schild vorbei, worauf steht, daß er im Begriff ist, den Tropic of Capricorn, den Wendekreis des Steinbocks, und damit die Tropen zu verlassen.

Die Christuskirche in Windhoek – neoromanisch und gotisch

WINDHOEK

(**D 5–6**) Mixtur ist das Stichwort, mit dem am treffendsten die rund 1600 m hoch gelegene namibische Hauptstadt (geschätzte Ew. 200 000, davon etwa 30 000 Weiße) in einen Begriff gefaßt ist. Windhoek – auch die eingedeutschte Form Windhuk ist in Gebrauch – hat von allem etwas:

Preise für Hotels und Gästefarmen sowie Restaurants

Hotels und Gästefarmen
Kategorie 1: ab 300 N$
Kategorie 2: 150 bis 300 N$
Kategorie 3: bis 150 N$
Die Preise gelten für die Übernachtung von zwei Personen im Doppelzimmer inkl. Frühstück.

Restaurants
Kategorie 1: ab 75 N$
Kategorie 2: 45 bis 75 N$
Kategorie 3: bis 45 N$
Die Preise gelten für ein durchschnittliches Menü (meistens drei Gänge) ohne Getränke.

von einer verschlafenen deutschen Provinzstadt, von einem afrikanischen Slum, von der aufstrebenden Vorzeigemetropole eines Entwicklungslandes. Die Mixtur hat ihre Reize, aber eine herausragende urbane Visitenkarte Namibias ist Windhoek nicht. Vor allem spätabends und sonntags halten sich die Menschen am liebsten in ihren Quartieren auf: in Katutura im Nordwesten, wo die meisten schwarzen Windhoeker leben; in Khomasdal, das als Stadtteil an Windhoek-West anschließt und vorwiegend von Farbigen bewohnt wird; im schön gelegenen, sanft hügeligen Klein-Windhoek, das immer noch weitgehend den Weißen vorbehalten bleibt. Windhoek ist nicht aufregend, aber anregend. Für Extravaganzen hat man hier nicht viel übrig. Der Angereiste schlendert über die Hauptverkehrsader, die Independence Avenue, macht Schlenker durch diese und jene Parallel- und Querstraße und traut sich zu ersten Stippvisiten in die Vororte. Er begegnet vielen schwarzen Männern, die ihrem Landesvater täuschend ähnlich sehen, schwarzen Frauen in rauschender wilhelminischer Tracht, smarten weißen *business people,* aber auch Menschen mit Gesichtern, die immer noch Deckung suchen hinter großwildjägertypischen Zwirbelbärten. So wird er allmählich an Afrika herangeführt. Die überfallartigen Bilder, die Springflut der Eindrücke, wie es sie in anderen afrikanischen Hauptstädten gibt, wird er in Windhoek nicht erleben. Das ist eine friedliche, sichere Stadt mit dem Touch des Altväterlichen. Hier bleibt einem der Crash-Kurs in afrikanischem Elend erspart, dafür trifft man auf konservierte deutsche Gemütlichkeit mit lauter Tortenvitrinen.

Seit der Unabhängigkeit allerdings sind die Bestrebungen um mehr Urbanität unübersehbar – die umgestaltete Post Street Mall ist der sichtbarste Beleg dafür. Hypermoderne Bauten werden kontrastiert von nostalgischen Überbleibseln, und es ist gewiß kein Zufall, daß den Passanten eine Uhr im liebevoll restaurierten Glockentürmchen in prope-

MARCO POLO TIPS FÜR WINDHOEK UND ZENTRALNAMIBIA

1 Windhoeks Innenstadt
Eine überraschende Mixtur aus Alt und Neu, Kuriosem und Modernem (Seite 27)

2 Der Bahnhof von Windhoek
Von hier aus erfolgte die Eroberung des Landes – auf dem Schienenstrang (Seite 29)

3 Duwisib Castle
Ein Deutscher baute aus Liebe eine zinnenbewehrte Burg in die Wildnis (Seite 37)

4 Waterberg
Ein flacher Tafelberg mit ungewöhnlich üppiger Flora (Seite 40)

Mixtur aus Alt und Neu: die Independence Avenue in Windhoek

rem Fachwerk mitteilt, was die Stunde geschlagen hat.

BESICHTIGUNGEN

Innenstadt-Rundgang

★ Der Quarzit der *Christuskirche*, 1910 als erste evangelische Kirche Südwestafrikas eingeweiht, ist von allen Seiten sichtbar: Das neoromanische Gotteshaus mit gotischen Elementen am Turm, entworfen von Gottlieb Redecker, steht auf einem Hügel. Obgleich die Stilmischung nicht umwerfend ist, lohnt der Besuch wegen der Buntglasfenster, gestiftet von Wilhelm II., dem letzten deutschen Kaiser. In der Nähe steht der *Südwester Reiter*, 1912 vom Berliner Bildhauer Adolf Kürle geschaffen, ein Soldat der Schutztruppe in Bronze. Das Denkmal mit Natursteinsockel erinnert an die 1749 deutschen Toten, die bei den Aufständen zwischen 1904 und 1907 umkamen. Die Verluste der gegnerischen Seite gehen in die Zehntausende. Oberhalb erstreckt sich das *Parlamentsgebäude* im schlichten Kolonialstil, 1913 von Redecker erbaut und bekannt geworden als Tintenpalast – wegen der vielen Tinte, die bei der Bearbeitung von Anträgen wackerer Südwester verbraucht wurde. Die deutsche Bürokratie war in Namibia gefürchtet und trieb manchen Aussiedler, der gehofft hatte, preußischer Bevormundung ein für allemal entkommen zu sein, zur Verzweiflung. Daneben liegt das 1964 fertiggestellte Haus der *Nationalversammlung*, ein Gebäudekomplex ganz aus einheimischen Materialien und von namibischen Künstlern geschmückt *(Führungen Mo und Fr 11 und 15 Uhr)*. Etwas weiter, jenseits der Gobabis Road, erheben sich nahe beieinander drei Trutzburgen auf den Hügeln: *Schwerinsburg, Heinitzburg* und *Sanderburg*. Der lachhafte Wehrstil entstand zu einer Zeit, als in Europa niemand mehr so baute (1908 bis 1913), Architekt war Wilhelm Sander. In der Schwerinsburg residiert die italienische Botschaft, in der Heinitzburg residieren neuerdings Hotelgäste. Der moderne Gebäudekomplex an der Mugabe Avenue beherbergt das *Staatsmuseum* mit seinen natur- und volkskundlichen Sammlungen *(Mo–Fr 9–18, Sa 10–12.45, 15–18, So 11–12.30, 15–18 Uhr)*, dazu Bücherei und Archiv. Etwas nördlicher an der Mugabe Avenue stehen das *Theater* und die *Namibia Wissenschaftliche Gesellschaft* mit einer großen Bibliothek. Dahinter beginnt das Nobelviertel *Klein-Windhoek.* Der *Ausspannplatz* ist so groß, weil die Ochsengespanne viel Platz benötigten. Sie zogen ihre Lasten auch über die Independence Avenue, die Teil der Route zwischen Otjimbingwe und Rehoboth war. In deutscher Kolonialzeit wurde sie bei der Stadtplanung als Achse genutzt, an der Westseite wurde Land an Unternehmer verkauft, an der Ostseite wurden Verwaltungsgebäude eingerichtet. Die städtische Hauptschlagader ist heute eine Mixtur aus modernen Neu- und eingesprenkelten Restbauten der alten Zeit. Am auffälligsten sind *Gathemann-Haus* (siehe Restaurants, S. 30) und *Erkrathhaus* (1910) mit den stark geneigten Dächern, als habe hier jede Menge Schnee abzurutschen. Der *Zoo Park* gegenüber (heute ohne Zoo) wurde 1897 rund um das Denkmal der Schutztruppe angelegt, die in der Schlacht gegen Hendrik Witbooi viele Angehörige verloren hatte; noch mehr die Gegenseite, woran kein Denkmal erinnert. An der Ecke Stübel-/Peter-Müller-Straße steht die alte *Regierungsschule* (1912), heute *Konservatorium.* Markant an dem schönen Bauwerk ist die Wetterfahne auf dem pyramidenförmigen Turm. Am Glockentürmchen geht links die Post ab, nämlich die *Post Street Mall*, Windhoeks belebteste Fußgängerzone, außer am Sonntag. Der *Meteoritenbrunnen* besteht aus 33 von 77 bei Gibeon, im Süden des Landes, gefundenen Außerirdischen. Die Steine bestehen fast ganz aus Eisen. Zurück auf der Independence Avenue folgt nordwärts bald die Bahnhofstraße. Dort steht die *Turnhalle* (1909), lange Zeit Windhoeks bekanntestes Gebäude, weil es 1978–82 Tagungsort der Nationalversammlung war. 1975 fand hier die Turnhallen-Konferenz statt, die ein unabhängiges Namibia zum Ziel hatte. Fünfzehn Jahre dauerte es noch, bis das Ziel erreicht war.

Katutura und Khomasdal

Der Nordwesten Windhoeks ist farbig. Nicht weil hier kaum Weiße wohnen, sondern auch wegen der anarchistischen Bemalung der trostlosen Wohngebäude. *Katutura* wurde in den sechziger Jahren als Schwarzensiedlung angelegt, weil Südafrikas Mandatsregierung ein *township* außerhalb des Zentrums für die schwarzen Bürger wollte. Die bis dahin in der Old Location (heute Stadtteil Hochlandpark) lebenden Zwangsangesiedelten wurden je nach ethnischer Zugehörigkeit in größeren Wohnblocks zusammengefaßt. Noch heute steht vor mancher Hausnummer ein H (für Herero) oder ein D (für Damara). Die damaligen Straßenschlachten zwischen Polizei und Schwarzen forderten einige Tote. Das Viertel mit mindestens 60 000 Bewohnern ist stark heruntergekommen, doch hier und da gibt es beherzte Versuche, der Trostlosigkeit eine freundliche Nische abzuringen. Hauptprobleme sind Arbeitslosigkeit, Tuberkulose, Alkoholismus, beengte Wohnverhältnisse und sanitärer Notstand. Trotzdem balgen sich in den staubigen Straßen fröhliche Kinder. *Khomasdal,* wo Farbige angesiedelt wurden, die bei der weißen Regierung höher angesehen waren als Schwarze, wirkt grüner, sauberer. Beide Viertel sind verfestigte Strukturen der Welt von gestern. Aber auch das ist Namibia, immer noch.

MUSEEN

Alte Feste

Im einstigen Hauptquartier der deutschen Schutztruppe, dem ältesten Bauwerk Windhoeks (1890), sind die Anfänge der Kolonialzeit plastisch anhand von Objekten aus jener Zeit dargestellt, vom Gewehr des Soldaten bis zum Nähkästchen der nachreisenden Gemahlin. Außerdem die Geschichte des jüngsten afrikanischen Staates. Neben dem Museum steht einer der ganz alten Züge, wie sie einst durch Südwest rumpelten. Schön ist auch der Hof, in dem gelegentlich Veranstaltungen stattfinden. *Robert Mugabe Av., tgl. 8–17 Uhr, kein Eintritt, man gibt eine Spende*

Nationalgalerie Windhoek

Hier werden die besten zeitgenössischen namibischen Künstler mit Werkschauen vorgestellt. Zu Vernissagen kreuzt die gesamte Kunstszene auf. *John Meinert/ Robert Mugabe Str. 109, Di–Fr 9–17, Sa 9–12.30 Uhr*

Transnamib Museum

Vor dem Eingang steht eine sauber geputzte, glänzende Schmalspur-Lokomotive von 1903. Im Inneren des ★ Bahnhofs wird die Eroberung des Landes auf dem Schienenstrang vorgeführt. Der imperiale Glanz ist verblaßt, aber hier scheint er doch noch durch. Man sollte auch den Bahnsteig und die historische Anzeigentafel beachten. Ein Muß für Puffer-

Das Bahnhofsgebäude erinnert an die deutsche Kolonialzeit

küsser und alle Liebhaber nostalgischer Orte. *Bahnhofstr., erster Stock, Mo–Fr 9–16 Uhr, 2 N$, Kinder 0,50 N$*

RESTAURANTS/CAFÉS

Le Bistro

Treffpunkt von Windhoeks »Szene«, Besucher sind als Zaungäste zugelassen. Beim »Guten-Morgen-Breakfast« speist man zwischen 8 und 11 Uhr musikbeschallt unter Reproduktionen von August Macke. *Independence Av./Post Street Mall, Tel. 061/22 87 42, tgl. 8–23 Uhr, Kategorie 2*

Central Café

Deutsche Backköstlichkeiten und deutsch-deftige Gerichte (Bratwurst und Sauerkraut) vor einer Wand mit Bildern alter Kolonialherrlichkeit. *1255 Levinson Arcade, tgl. 7–18, Sa 8–14 Uhr*

The Dunes

Jeden Tag ein üppiges Buffet. *Independence Av., im Kalahari Sands Hotel, Tel. 061/22 23 00, tgl. 12 bis 14.30 und 18–23 Uhr, Kategorie 2*

Gathemann

Frühstück auch für Spätaufsteher bis 12 Uhr. Geboten werden eine große Palette köstlicher Fisch- und Fleischspeisen zu Lunch und Dinner sowie eine schöne Terrasse und freundlicher Service. *Independence Av. 169, Tel. 061/22 38 53, tgl. 10–14 und 18 bis 23 Uhr, Kategorie 1–2*

Gourmets Inn

Gehobene Küchenansprüche, u. a. reiche Auswahl an Wildgerichten, bemühter Service. *Jan-Jonker-Street 195, Tel. 061/23 23 60, tgl. außer So 12–23 Uhr, Kategorie 1*

Grand Canyon Spur

Steak-Ranch, bis zu 500 Gramm schwere Steaks, Salat gibt es satt. Terrasse im ersten Stock. Rollstuhlfahrer finden einen Aufzug vor. *Independence Av./John Meinert Street, Tel. 061/23 10 03, tgl. 11 bis 24 Uhr, Kategorie 2*

The Homestead Restaurant

Bratkartoffeln und Kudufleisch. Schöner Freiluftteil. *Feldstr. 53, Tel. 061/22 19 58, tgl. außer So 11 bis 24 Uhr, Sa ab 19 Uhr, Kategorie 1–2*

Kaiserkrone

Angenehm sitzt man tagsüber zum Lunch im schattigen Innenhof. Abends serviert das dazugehörige Restaurant *Marco Polo* italienisch-namibische Küche. *Poststreet, Tel. 061/22 27 79, tgl. 12–15.30 und 18–24 Uhr, Kategorie 1–2*

Mike's Steakhouse

Morgens opulentes Frühstück, mittags Steaks vom Grill. Große Salatbar, »7 days a week«. *Post Street Mall, im Wernhil Park, Tel. 061/22 65 96, Kategorie 2*

Milky Way

Milch- und Salatbar mit kleinen Gerichten, ständig voller Jungvolk. *Post Street Mall, Tel. 061/22 20 43, tgl. außer So 9 bis 22 Uhr, Kategorie 3*

Sardinia

Italienisches Eiscafé, in dem auch Pizza verkauft wird. *Independence Av. 41, tgl. 9–21 Uhr*

Tamarisk

Ausgezeichnetes Restaurant mit berühmter Küche. *Independence Av., im Kalahari Sands Hotel, Tel. 061/22 23 00, tgl. 12–14.30 und 18–23 Uhr, Kategorie 1*

EINKAUFEN

Antiquitäten

Collectables: gemütlicher Trödelladen, in dem sich unter den Überbleibseln deutscher Wertarbeit aus der kolonialen Epoche womöglich ein Schnäppchen machen läßt. *Post Street Mall*

Bücher

Bücherkeller: ausgezeichnetes Taschenbuchangebot in deutscher und englischer Sprache, viele Bildbände und Zeitschriften. *Peter-Müller-Str.*
Windhoeker Buchhandlung: Kochbücher neben Belletristik, Kinderbücher neben Zeitschriften. *Independence Av. 73*

Grab-a-phone

Rund um die Uhr Fotokopien, Fax und Tel. Hier kann man die teuren Gebühren in Hotels umgehen. Kalte Getränke gibt es auch. *Independence Av./Peter-Müller-Str., gegenüber Kalahari Sands Hotel*

Gustav Voigts Centrum

In dem Einkaufszentrum findet man ein großes Angebot an Reiseführern, Bildbänden und Karten über das südliche Afrika, einen gutsortierten Supermarkt mit Stehimbiß, eine Boutique für tolle Hüte, die einem von einer in viktorianischer Tracht anrauschenden Verkäuferin gereicht werden, einen Schweizer Juwelier *(Pa Jé)*, der zu fairen Preisen namibisches Gold verkauft, und ein Geschäft für Outdoor-Kleidung *(Ernst Holz)*.

Kunst und Kunsthandwerk

Bushman Art gibt es im *African Art Museum*. Das große Folkloregeschäft schickt den Katalog gern schon vor der Reise: *Independence Av. 187, Tel. 061/22 88 28 und 22 91 31, Fax 22 89 71, P. O. Box 20165, Windhoek*
Namibia Crafts Center: reiche Auswahl an Kunsthandwerklichem. *Mandume Ndemufayo 40*
Neu eröffnet hat *U-Do-Trust,* ein Geschäft für namibisches Kunstgewerbe in der Passage des *Kalahari Sands Hotels.* Verkauft wird, was in Handarbeit ausgebildete namibische Frauen herstellten.

Mode

Nakara: außerhalb der City, in der *Northern Industrial Area,* wird Leder und Pelzbekleidung angeboten, die durchweg günstiger ist als in der Innenstadt.
Pelzhaus Huber: alle Tierhäute Namibias, verarbeitet zu teilweise ausgefallenen Kleidungsstücken und Taschen. *Independence Av./Daniel Munamava Str.*

Schmuck

Gemcutters: alle Steine Namibias, kunsthandwerklich verarbeitet. *Independence Av., neben Bank Windhoek*

Schuhe

In einem Gebäude von 1902 bietet das Fachschuhhaus *Thiel's* reiche Auswahl an. *Independence Av., gegenüber Zoo Park*

Souvenirs

Springbockfelle und alle anderen Mitbringsel findet man bei *Rogl Souvenir, 39 Post Street Mall, auch So 10–13 Uhr*

Waffen

Wer zu *A. Rosenthal* hinein will, muß klingeln und eine Blick-Visitation über sich ergehen lassen,

Independence Av., Nähe Hauptpost. Das Traditionsgeschäft versendet auf Anfrage einen Katalog. *Tel. 061/23 72 10, Fax 22 61 56, P. O. Box 97, Windhoek*

HOTELS/GÄSTEFARMEN

Auas Game Lodge
44 km von der Hauptstadt entfernt in Richtung Südosten – mitten in der Wildnis am mächtigen Auas-Gebirge gelegen. *17 Zi., Anfahrt über die B 1 und Piste 1463. P. O. Box 80887, Windhoek, Tel. 061/ 24 00 43, Fax 24 86 33, Kategorie 2*

The Cardboard Box
Ideale Unterkunft für Reisende mit knapper Barschaft. Jungvolk trifft sich hier zuhauf. Nachrichtenbörse. Man erfährt, wo es günstig ist und die Szene brummt. *3 Zi., zusätzlich 30 Betten, Johann-Albrecht-Str. 15, Tel. 061/22 89 94, Kategorie 3*

Hotel Pension Christoph
Gut geführte kleine Herberge mit schönem Garten und Pool. *10 Zi., Heinitzburg Street 33, Tel. 061/24 07 77, Kategorie 3*

Eningu Lodge
Sehr gepflegte, mediterran anmutende Lodge in Dordabis, 65 km südöstlich vom Flughafen Windhoek, unter deutscher Leitung. *5 Zi., P. O. Box 9531, Windhoek, Tel. 0628/14 02, Fax 061/ 22 91 89, Kategorie 1–2*

The Guest House
Gemütliche Herberge an der Peripherie des Regierungsviertels mit Pool, Fitneßraum und Sauna. *28 Zi., Steinstr. 29–31, P. O. Box 11948, Tel. 061/22 55 00, Fax 22 67 68, Kategorie 2*

Hotel Heinitzburg
1996 eröffnetes, modernes Hotel in alter Hülle. Die 11 Zimmer der historischen Burg sind Südwester-mäßig gestylt, aber komfortabel. Schöne Gartenterrasse mit Blick auf die City. *Heinitzburg Street 22, P. O. Box 458, Tel. 061/24 95 97, Fax 24 95 98, Kategorie 2*

Marie's Bed & Breakfast
Unschlagbar günstige Preise und trotzdem ordentliche Zimmer und Swimmingpool. *14 Zi., 156 Diaz Street, Suiderhof, P. O. Box 6406, Tel. 061/25 17 87, Fax 25 21 28, Kategorie 3*

Safari und Safari Court
Außerhalb der City, aber mit Pool und Restaurants sowie halbstündigem Bus Shuttle, sehr gutes Hotel. *452 Zi., an der südlichen Ausfallstraße nach Rehoboth, P. O. Box 3900, Tel. 061/24 02 40, Fax 23 56 52, Kategorie 2*

Villa Verdi
Mediterranes Ambiente im südlichen Afrika. Mit Pool und schöner Terrasse. *12 Zi., 4 Verdi Street, P. O. Box 6784, Tel. 061/22 19 94, Fax 22 25 74, Kategorie 2*

Windhoek Country Club Resort
Luxusherberge, alle Einrichtungen, großes Casino. *Western Bypass, an der B 1 Richtung Süden, Tel. 061/205 59 11, Fax 25 16 81, Kategorie 1*

SPORT UND AKTIVITÄTEN

Mineralien suchen
Wer schöne Amethysten selbst ausgraben will, läßt sich mit *Bachran's* in Allradwagen (max. vier Pers.) zu trächtigen Claims

bringen. Die nach Wunsch zusammengestellten Touren – mit Übernachtung im Freien – eignen sich auch für Fotojäger. *P.O. Box 5531, Tel. 061/435 88, Fax 224 84 83*

Safari

Connex Travel: *P.O. Box 415, Gustav Voigts Center, Independence Av., Tel. 061/298 25 61, Fax 22 30 56*
Oryx Tours: *P.O. Box 2058, Bismarckstr. 38, Tel. 061/22 42 52, Fax 356 04 (Adresse in Deutschland: Duisburger Str. 125, 40479 Düsseldorf, Tel. 0211/491 16 38, Fax 491 16 76)*
Springbok Atlas Safari: *P.O. Box 2058, Hepworth's Arcade, Capital Center, 7. Stock, Independence Av., Tel. 061/242 52*
SWA Safaris: *P.O. Box 20373, Independence Av. 43, Tel. 061/22 11 93, Fax 22 53 87*

Squash

Nach vorheriger Anmeldung im Klein Windhoek Squash Club, *Kuiseb Street, Tel. 061/23 13 30,* und im Health & Racquet Club, *Maerua Park am Centaurusweg, Tel. 061/23 43 99.* Die Stunde kostet etwa *12 N$.*

Tennis

Central Tennis Club, *Reginal Walker Street, Tel. 061/25 13 15.* SKW, *Golfstreet, Tel. 061/25 17 14.* Plätze teilweise mit Flutlicht. Pro Std. *5 N$,* wenn die Ausrüstung mitgebracht wird.

AM ABEND

Continental

Mi, Fr und Sa geht für Diskofans im gleichnamigen Hotel die übliche Diskomucke ab. *Independence Av.*

Die Herero-Frauen tragen viktorianische Tracht

Katutura-Diskos

Die Orte nächtlichen Abtanzens unter Wellblechdächern oder im Freien wechseln ständig. Am besten, man geht mit Einheimischen zur Party und hütet sich vor dem Genuß des Billigbiers Tomba, das von den Freaks warm getrunken wird, damit der Rauschzustand schnell einsetzt.

Kine 300

Hier laufen die internationalen Debütfilme. *Nelson Mandela Av., zwischen Kuiseb und Ugab Street (Einkaufszentrum), Vorstellungen ab Nachmittag, Sa bereits ab 10 Uhr*

The Manhattan Pub

Man bemüht sich um Coolness und übt nippend am Hochprozentigen. *Post Street Mall, tgl. außer So bis 23 Uhr*

AUSKUNFT/AUTOVERMIETUNG

Windhoek Information & Publicity Center (WIP)

Broschüren, Beratung, Buchungen. *Independence Av./Peter-Mül-*

ler-Street, Tel. 061/290 20 50, Fax 290 20 91, Mo–Fr 8–13 und 14–17, Sa 8–12 Uhr

Autovermietung

PKW und Geländewagen vermieten u.a. *Budget Rent-a-Car, P.O. Box 1754, Tel. 061/22 87 20, 22 76 38, Fax 22 76 65; Windhoek Flughafen, Tel. 0626/402 25.* Oder *Kessler Car Hire, P.O. Box 20274, Tel. 061/23 34 51, 22 76 38, Fax 22 45 51*

GROOTFONTEIN

(**E 4**) Jakarandas und Bougainvilleen säumen die Straßen des (1460 m hoch gelegenen) landwirtschaftlichen Zentrums (9000 Ew.), das auf eine schwärmerische Vergangenheit zurückblickt. 1885 kamen 40 Dorslandtrekker-Familien, aus Angola zurückkehrende Transvaal-Buren, und gründeten die Republik Upingtonia. Zwei Jahre später wurde sie absorbiert im deutschen Schutzgebiet. In den Gräbern des alten Friedhofs sind Utopisten und Schutztruppler vereint. Wegen des großen Wasserreichtums ist der Pflanzenbewuchs in diesem Landstrich üppig. Ihrer munter sprudelnden Quelle huldigen die Grootfonteiner in einem modernen Schwimmbad.

BESICHTIGUNGEN

Hoba-Meteorit

Kalt und abweisend liegt der Außerirdische 20 km westlich von Grootfontein. Kein auf der Erde entdeckter Meteorit ist größer. Die längste Ausdehnung des Quaders beträgt fast drei m. 60 Tonnen ist er schwer, wovon 93 Prozent Eisen sind. Vor etwa 80 000 Jahren soll er die Erdatmosphäre durchschlagen haben, sein Alter wird auf 100 bis 300 Mio. Jahre geschätzt. Ein *Rest Area* mit Grillplätzen nahe der D 2859 lädt zum Verweilen ein *(3 N$, Kinder 1 N$).*

Straußenfarm

Ein Westfale und eine Hamburgerin präsentieren Durchreisenden den Riesenvogel als Küken oder Brutvogel. Zum Zufassen verlockt die Straußenschinkenplatte mit deftigem Farmbrot und Salat, zum Nachtisch gibt es Vanilleeis mit Straußeneilikör (Ei, nicht Eier, denn für den Inhalt eines Straußeneis werden zum Abfüllen mehrere Flaschen benötigt). Dazu ein Kunsthandwerksladen mit von Buschleuten gefertigten Produkten aus der farmeigenen Werkstatt. Ganz praktische westfälische Entwicklungshilfe. *GAi KAISA, 2 km von*

Aus dem Leben der Zebras

Treffen sich zwei oder mehrere Clans an einer Wasserstelle, laufen die Tiere aufeinander zu und berühren sich mit den Köpfen: Schwestern und Brüder, die nach der Geschlechtsreife in andere Rudel gewechselt sind und sich nun freudig begrüßen. Ertönt aber das Wiehern des Leithengstes, formieren sich die Herden wieder, in der Mitte, geschützt, die Fohlen mit dem noch rötlich schimmernden Fell.

der Teerstraße zwischen Grootfontein und Tsumeb C 42, an der pad 2859, die zum Hoba-Meteoriten führt. Tel. 06738/831 30, Fax 06731/26 11, Udo Unkel.

MUSEUM

Museum Grootfontein
Die Stadtgeschichte im alten Fort ist mit Exponaten aus deutscher Kolonialzeit und der Dorslandtrekker bestückt. Hier ist auch die erste Karte des südwestlichen Afrika aufbewahrt. *Di–Fr 16–18, Mi 9–11 Uhr und nach tel. Vereinbarung, Tel. 067/24 23 51 und 24 35 84, Erikson Street an der B 8 Richtung Norden, anstelle des Eintritts wird eine Spende erbeten.* Von den Zinnen aus guter Ausblick.

HOTEL

Meteor Hotel
Die 24 Zimmer sind recht ansprechend, das Restaurant ist eher schlicht. *Wilhelmstr., P. O. Box 346, Tel. 067/24 20 78, Fax 24 30 72, Kategorie 2–3*

GÄSTEFARM

Bornholm-Ovisume Jagdfarm
60 km südlich von Grootfontein gelegen, am Tor zum Hereroland, in der abwechslungsreichen Landschaft des Omuramba Omatako. Trophäenjäger kommen zur Beute – die Liste der abschußgenehmigten Tiere ist endlos. *6 Zi., P. O. Box 143, Tel. 06738/819 21, Kategorie 2–3*

KARIBIB

(**C 5**) Der bescheidene Wohlstand des Städtchens (3000 Ew.) rührt vom Marmor her, der hier abgebaut wird. Die 1910 entstandene *Christuskirche* von Redecker, der auch die Windhoeker Kirche baute, ist stilistisch an der Gotik orientiert und war das erste Gotteshaus, in dem südwestafrikanischer Marmor verbaut wurde. Durch die 1990 eröffnete *Goldmine Navachab* erlebt der Ort einen wirtschaftlichen Aufschwung. Das Gold wird aus den Marmorschichten herausgeholt, die Vorkommen sollen bis ins nächste Jahrhundert reichen.

HOTELS

Erongoblick
Schlichthotel mit 20 Zimmern, davon 13 mit Bad. *P. O. Box 67, Tel. 064/55 00 23, Kategorie 3*

Stroblhof
Noch ein Schlichthotel, 11 Zimmer, davon 6 mit Bad. *P. O. Box 164, Tel. 064/55 00 81, Kategorie 3*

GÄSTEFARMEN

Albrechtshöhe
Nächtigen in einer alten Schutztruppenstation bei deutschen Gastgebern. Großartiger Blick auf die abfallende Ebene bis zu den Erongo-Bergen. Wegen dieser Weitsicht wurde die Polizeistation 1904 eingerichtet. *5 Zi., P. O. Box 124, Tel. 064/55 02 20, Kategorie 2*

Etusis Lodge
12 000 ha Hochsavanne südlich von Karibib. Die Otjipateraberge, fast 2000 m hoch, gehören zum Farmgebiet. Ihren Namen hat die Lodge aber von einem Wasserfall. *13 Zi., P. O. Box 5, Farm Etusis No. 75, Tel. 062252/16 03, Fax 061/22 39 94, Kategorie 2–3*

Omaruru Game Lodge

15 km westlich von Omaruru mit einmaligem Baumbestand, großem Tränketeich, der Tiere anlockt, und mit 22 Bungalows, die ausgeführt wurden als afrikanische Rundholzkonstruktionen mit Natursteinen und Grasdächern. Dazu Restaurant, Bar, Außengrillplatz und Swimmingpool. Der Aussichtsturm bietet einen grandiosen Weitblick und eignet sich auch besonders zur Wildbeobachtung. Die Anlage wurde Mitte 1995 eröffnet. *P. O. Box 208, Tel. 064/57 00 44, Fax 57 01 34, Kategorie 1–2*

MALTAHÖHE

(**C 9**) Der frühere Bezirkshauptmann Burgsdorf gab dem Ort (2000 Ew.) am Rand der 1400 m hohen Schwarzrandhochebene den Namen seiner Gemahlin Malta, womit er die Ehe auf eine neue Höhe und ans Wasser führte, das es in Maltahöhe reichlich gibt. In der 25 km entfernten Polizeistation, von der aus das Ehepaar Burgsdorf zuvor Recht und Ordnung überwacht hatte, wurde es zu öde. Also beschloß man um 1895 die Gründung des Ortes. Er ist Zentrum einer Region, in der die Farmen besonders weit verstreut liegen und auf 7000 qkm nicht einmal 300 Menschen siedeln. Die rustikale Bar des Hotels *Maltahöhe* ist ein beliebter Begegnungsplatz. Eine originelle deutsche Insel mitten im afrikanischen Kontinent. Allnächtlich kommt es zwischen Touristen und Einheimischen zum geschwisterlich beseelten Austausch über die Lage der Welt. Tagsüber scheint nach Auskunft des Hoteliers an 360 Tagen im Jahr die Sonne, und es kann recht heiß werden.

HOTEL

Maltahöhe

Traditionshotel unter deutscher Leitung. À-la-carte-Restaurant, Pool. *24 Zi., P. O. Box 20, Tel. 0663/30 13, Fax 31 33, Kategorie 2*

GÄSTEFARMEN

Daweb

Zwei km südlich von Maltahöhe am bergigen Schwarzrand gelegen. Gute Aussicht, gute Farmküche, gute Rundfahrten im offenen Geländewagen. *6 Zi., P. O. Box 18, Tel. und Fax 063/ 29 30 88, Kategorie 2–3*

Nomtsas

Ein Paradies für Jäger und für Wildbeobachter. Die 40 km lange Farm durchzieht der – in der Regenzeit stark Wasser führende – Fischfluß. *5 Zi., P. O. Box 12, Tel. und Fax 06638/18 03, Kategorie 3*

RASTLAGER

Namseb Rest Camp

Nur wenige Kilometer westlich der Stadt auf dem Gelände der ältesten Straußenfarm Namibias. Von dem Plateau aus reicht der Blick bis zu den Tsarisbergen. *P. O. Box 76, Tel. 063/ 29 31 66, Fax 29 31 57, Kategorie 2*

AKTIVITÄTEN

Ballonflüge mit atemberaubender Aussicht. Start frühmorgens, zum Wachwerden gibt es Champagner, dann geht über den Dünen von Sossusvlei die Sonne

Um Schloß Duwisib zu bauen, wurden keine Mühen gescheut

auf. *Namib Sky Adventure Safaris, P. O. Box 197, Tel. 06632/57 03 (ca. 750 N$)*

ZIELE IN DER UMGEBUNG

Duwisib Castle (C 9)

★ Hansheinrich von Wolf, Offizier der deutschen Schutztruppe und ein großer Träumer, baute seiner amerikanischen Frau eine zinnenbewehrte Burg in die afrikanische Einöde. Architekt war Willi Sander, unterstützt von italienischen Baumeistern und skandinavischen Zimmerleuten. Materialien und Mobiliar wurden erst von Deutschland aus verschifft, dann von Ochsen 400 km durch die namibische Wüste gezogen. Teile davon sind in den 22 Räumen noch zu sehen. Das massig-putzige Mini-Neuschwanstein an der D 826, ca. 70 km südwestlich von Maltahöhe, ist allein wegen des wunderschönen Innenhofs den Besuch wert *(tgl. 8–17 Uhr)*.

Hardap Dam (D 9)

Der Hardap Dam staut seit 1963 die Wasser des Großen Fischflusses, des Fish River. 300 Mio. m^3 könnten gefaßt werden, doch wegen des Regenmangels kommt so viel nie zusammen. Trotzdem ist der Anblick des glänzenden Wassers, gerahmt von staubtrockenem Land, eine Wohltat. Wenn der Fluß viel Wasser bringt, ist der Stausee braun; nach einigen Tagen hat sich die Schlammschicht auf den Grund abgesetzt. Die Hoffnungen des Staates, hier ein Erholungsgebiet zu etablieren, haben sich (noch) nicht erfüllt. Wie immer bei staatlichen Einrichtungen mangelt es am Service. Doch ein Besuch des *Restaurants (tgl. 7–8.30, 12–13.30 und 18–20.30 Uhr)* lohnt (Atlantikfisch). Angler können die Rute in den See halten (50 Cent pro Tag). Gefangen werden Welse, Barben und Barsche. Zum *Touristen-Camp* am 865 m langen und 39 m hohen Damm gehören Bungalows, Zelt- und Wohnwagenplätze, Schwimmbad, Freizeitanlage und Wildpark, in dem es vor allem Strauße, Bergzebras und Antilopen zu sehen gibt. An der 26 qkm großen, mit Erde angeschütteten

Betonwanne hat sich eine attraktive Vogelkolonie mit Flamingos, Pelikanen, Reihern und Fischadlern angesiedelt. Zwei *Rundwanderwege* führen als Lehrpfade am nordwestlichen Ende des Sees entlang. Im Gebiet rings um den See blüht und sprießt es wie nirgendwo im trockenen Namibia, das hier auf etwa 2500 ha ein Land ist, in dem die Zitronen blühen. (*Information Tel. 0661/381. Buchungen beim Director of Tourism, s. Auskunft*)

In der Nähe des Hardap Dams am Großen Fischfluß liegt *Mariental* (6500 Ew.), Verwaltungssitz und Einkaufszentrum für das umliegende Farmland. Weiter südlich *Gibeon,* der Hauptort der Nama, der eng verbunden ist mit dem Namen Hendrik Witbooi, dem charismatischen Guerillaführer an der Spitze der Aufstandsbewegung gegen die Deutschen zu Ende des letzten und Anfang dieses Jhs. Witbooi fiel 1905, sein Urenkel ist heute namibischer Arbeitsminister.

OKAHANDJA

(**D 5**) Den Durchreisenden bietet der Ort (11 000 Ew.) wenig, aber für Herero ist er heiliges Land. Hier liegen ihre letzten Führer begraben. Die Gedenkfeiern im August sind Massenaufläufe. Die Gräber befinden sich hinter der Kirche der Rheinischen Mission, darunter auch das des legendären Orlaam-Führers *Jan Jonker Afrikaner.* Die Kirche wurde 1876 geweiht und befindet sich, ungenutzt, im Zustand der Verwahrlosung. Die Emissäre der Missionsgesellschaft mit Sitz in Groß Barmen, ab Mitte vergangenen Jhs. im Land, waren nicht nur um Christianisierung, sondern auch um die Versöhnung zwischen verfeindeten Stämmen bemüht; bei den Verhandlungen um Gebietsabtretungen an Neusiedler waren sie beteiligt. Okahandja war seit 1894 militärischer Stützpunkt. Das damals errichtete Fort ist heute Polizeistation. Sehenswert ist der im Kolonialstil erbaute *Bahnhof* von 1902.

EINKAUFEN

Im Schwemmland des Okahandja Rivier und des Swakop spielt Holzverarbeitung eine große Rolle. Der *Handwerkermarkt* an der Durchgangsstraße ist der größte seiner Art in Namibia. Ganze Herden der einheimischen Tierwelt in verschiedenen hölzernen Ausformungen warten auf Käufer, außerdem kann man den Holzschnitzern bei der Arbeit zuschauen. Beim Kaufen ist Handeln angesagt.

LODGE/GÄSTEFARM

Midgard

Sicher eine der besonders schönen Lodges im Land, eingeschmiegt in die Otjihavero-Berge im Distrikt Okahandja. Mit großem Herrenhaus, Schwimmbad, einer Sonnenuhr in Form eines Globus, natürlichen Quellen, Springparcours (Hannoveraner-Zucht), einem kleinen Museum, Golf- und Tennisplatz, Volleyball und Badminton. *40 Zi., P. O. Box 16, Windhoek, Tel. 0621/50 38 88, Fax 50 38 18, Kategorie 1*

Otjisazu

Eine der attraktiven Farmen Namibias, die sich bereits mit dem Titel »Gästefarm des Jahres«

schmücken konnte. Reiten, Wildbeobachtungsfahrten, nächtliche Exkursionen. Schöner Pool, berühmte Wildbret-Küche. *13 Zi., P. O. Box 149, Tel. 0621/50 12 59, Fax 50 13 23, Kategorie 1–2*

ZIELE IN DER UMGEBUNG

Groß Barmen (**C 7**)
Ruinen künden von einer frommen Vergangenheit: Die Rheinische Missionsgesellschaft hatte hier, 30 km südwestlich von Okahandja, ihren Standort. Nun steht Vergnügen der feuchten Art auf dem Programm. Ein *Thermalbad* sowie ein *Hallen-* (41 Grad) und *Freibad* (29 Grad) laden zum Planschen ein *(5 N$, Kinder 2,50 N$)*. Angeln, Wassersport und Vogelbeobachtungen am Stausee. Tennisplätze, Kinderspielplatz. *Das Restaurant ist 7–8.30, 12–13.30 und 18–20.30 Uhr geöffnet.*

Von Bach Recreation Resort (**C 8**)
Der Von Bach Dam südlich von Okahandja staut den Swakop, damit Windhoek Wasser hat. Rings um den See ist ein Naturpark entstanden *(5 N$, Kinder 2.50 N$)*, in dem viel Wild zu Hause ist, vor allem Kudus, Oryx und Bergzebras. Auf dem Stausee wird gesegelt und Wasserski gefahren. Baden ist erlaubt. *Geöffnet von Sonnenauf- bis Sonnenuntergang*

OUTJO

(**C 4**) Der Ort (4000 Ew.) sieht jeden Tag Touristen – sie sind auf der Durchfahrt in den Etosha-Nationalpark. Darauf ist das lokale Gewerbe eingestellt. Drei Tankstellen, Supermärkte und Geschäfte profitieren von der Kaufkraft der Durchreisenden. Es lohnt sich, hier Quartier zu nehmen, der Andrang ist geringer als am und im Etosha-Park. Das Wahrzeichen des Städtchens ist ein alter Windmühlenturm.

MUSEUM

Outjo Museum
Im denkmalgeschützten Franke-Haus nahe der Hauptstraße werden die Geschichte der Stadt und jene der Natur der Region erläutert. *Mo–Fr 10–12.30 und 15 bis 17 Uhr*

EINKAUFEN

Namibia Gem Stones
Am Geschäft von Dieter Langner, direkt an der Hauptstraße gelegen (Etosha Street 8), kommt keiner vorbei, dem Mineralien imponieren, von denen es hier eine große Auswahl gibt. Sollte der Laden in der Mittagszeit geschlossen sein, einfach anrufen: *Tel. 0654/31 30 72*

HOTELS

Etosha Hotel
Moderner Flachbau mit afrikanischer Inneneinrichtung und Pool, *8 Zi., P. O. Box 32, Tel. und Fax 06542/130, Kategorie 2*

Hotel Onduri
Erstes Haus am Platz, deutsche Leitung, effizienter Service, akzeptables Restaurant. *45 Zi., P. O. Box 14, Tel. 0654/31 34 05, Fax 31 34 08, Kategorie 2*

GÄSTEFARMEN

Bambatsi Holiday
1150 m hoch auf einem Höhenrücken mit schöner Aussicht

und angenehmem Klima. *8 Zi., P.O. Box 120, Tel. 0654/1104, Kategorie 1–2*

Bergplaas-Paresis
Die neue Lodge liegt in den Großen Paresisbergen (Blue Mountains). Sie wurde 1995 von deutschen Aussteigern übernommen. Viele Aktiv-Angebote auf dem 12 000 ha großen Gelände machen den Urlaub abwechslungsreich, auch ein Swimmingpool ist vorhanden. Die Farm liegt 30 km von der Hauptroute zum Etosha-Park (Otjiwarongo–Otavi) entfernt. Der Weg dorthin ist gut ausgeschildert. *12 Bungalows, P.O. Box 60, Outjo, Tel. 06548/1802, Fax 0654/313000 (P.O.Box 60 erwähnen, weil das Fax im Postfach abgelegt wird), Kategorie 2*

REHOBOTH

(**D 6**) Für namibische Verhältnisse ist das eine Großstadt (15 000 Ew.), auch wenn es sich nur um den schlichten Versorgungsmittelpunkt einer ländlichen Region handelt. Die Rehobother Baster, Mischlinge aus Nama und Europäern, hatten hier bis zur Unabhängigkeit eine gewisse Autonomie. Die Baster aus der Kapprovinz sind seit 1870 in der Region. Sie lieferten sich heftige Kämpfe mit den Swartbooi-Namas, womit sie den Anspruch auf das *gebied* bekräftigten. Bastard *(Baster)* zu sein gilt diesen auffälligen Menschen, von denen viele helle Haare und sogar blaue Augen haben, als Auszeichnung. Der weitläufige, zersiedelte Ort besitzt keine Attraktionen, allenfalls die 1907 gebaute Paulus-Kirche ist der Betrachtung wert (Schlüssel im Pfarrhaus).

MUSEUM

Rehoboth Museum
Natur und Kultur Namibias im Querschnitt, mit Freilichtausstellung und häufig wechselnden Exponaten. *Mo–Fr 8–13 und 14 bis 16.30, Sa 10–12 Uhr, in Nähe des Post Office*

RESTAURANT UND UNTERKUNFT

Reho-Spa
Erholungspark mit Thermalbad, Restaurant und Bungalows an den heißen Quellen am Ortsende. *P.O.Box 2500, Rehoboth, Tel. 0627/522774*

WATERBERG

(**D 4**) Rund 250 km und eine rötlich-braune Savannenlandschaft liegen zwischen Windhoek und dem ★ Waterberg. Er ist, im Gegensatz zu vulkanförmigen Erhebungen im Hereroland, langgestreckt und flach, ein Tafelberg mit ungewöhnlich üppiger Flora. Am Waterberg widerfuhr der deutschen Kolonialherrlichkeit ein Triumph der makabren Art. Als sich 1904 die Herero gegen die Weißen erhoben, indem sie Farmerfamilien töteten, kam es zur entscheidenden Schlacht. Am Waterberg erwies sich das deutsche Militär als schlagkräftiger. Tausende Herero wurden getötet, die Überlebenden mit Frauen, Kindern und Viehherden in die östliche Wüstensteppe getrieben, wo die meisten verdursteten. Seit 1972 ist die Waterberg-Region Nationalpark. Das Farmland wurde zum Tierparadies. Die Tierpopulation auf dem etwa 50 km langen und 15 km breiten Plateau (1890 m) wurde durch seltene, vom Aussterben bedrohte Arten und durch Wild aus dem sumpfigen, schwer kontrollierbaren Caprivi-Zipfel bereichert. Die Tiere können auf Fußwanderungen oder auf Safaris mit Geländewagen beobachtet werden. Privat- und Mietwagen sind auf dem Plateau nicht erlaubt.

HOTEL

Hamburger Hof
In *Otjiwarongo* (wo es auch eine Krokodilfarm gibt), mit Familienanschluß und guter Küche. *26 Zi., P. O. Box 8, Bahnhofstr., Tel. 0651/ 30 35 20, Fax 30 26 07, Kategorie 2–3*

GÄSTEFARM

Okomitundu **(C–D 4–5)**
Über 11 000 ha Abenteuerland bietet das Farmhaus im deutschen Kolonialstil, dazu Swimmingpool und Aussichtsterrasse. *5 Zi., P. O. Box 285, Okahandja, Tel. 0621/50 39 01, Fax 50 39 02, Kategorie 2–3*

RASTLAGER

Bernabé de la Bat Rest Camp
Direkt im Waterberg Plateau Park. Shop, Restaurant, Pool, Tankstelle (kein Diesel!), Bungalows, Zelt-, Stell- und Wohnwagenplätze. *Reservierung über Director of Tourism (s. Auskunft).*

SPORT

Wandern
Von April–Nov. finden an jedem zweiten, dritten und vierten Wochenende im Monat Gruppenwanderungen statt (80 N$ pro Person). Start: Do 16 Uhr, Rückkehr So. Treffpunkt und Rückkehrpunkt ist das Bernabé de la Bat Rest Camp. (*Buchung: Director of Tourism, s. Auskunft*) Am Parkeingang ist eine Wanderkarte erhältlich, die Wege sind ausgeschildert. Besonders schön ist der Mountain View, ein Kletterpfad zum Plateau, der etwa 30 Minuten dauert und für den man keine Superkondition benötigt.

In der Regenzeit ist die Flora am Waterberg besonders üppig

Im Laderaum der Arche Noah

Wo der Mensch nur Randerscheinung ist

Etosha ist die Erde am Morgen des sechsten Schöpfungstages, noch vor Erschaffung des Menschen. Immer noch ist der, der sich die Erde untertan gemacht hat, hier zu Besuch. Im schleierigen Abendlicht zieht es die Tiere an die Wasserstellen, als warteten sie auf die Ankunft der Arche Noah. Statt dessen kommen Zuschauer in Safari-Gefährten. Die rund 40 Tränklöcher im Etosha-Nationalpark sind alle mit dem Auto zu erreichen. In langsamer Fahrt kriecht der Wagen auf dem Schotterweg durch den dürren Mischwald aus Schirmakazien und Büffeldornbüschen. Hin und wieder öffnet sich ein Ausblick ins Weite. Da schlackert ein weich dahinstampfender Elefant mit den Ohren, um sich Kühlung zu verschaffen, huscht eine häßliche Tüpfelhyäne, vor der selbst Löwen Respekt haben, vom Weg unter die Bäume, stupst ein tapsiges Gnukalb so lange das Muttertier an, bis es ans Euter darf, da macht sich eine Schabrackenhyäne an den Resten einer von Löwen gerissenen Antilope zu schaffen und führen Zebras ihre Begrüßungsrituale vor. Es sind diese sanft bewegten Bilder von paradiesischer Fülle und Versöhntheit, wo »der Löwe bei dem Lamm schläft«, die Gott vor Augen gehabt haben mag, als er über seine Schöpfung noch befand: »Und siehe, es war sehr gut.« In den äußersten Nordosten Namibias, zum Caprivi-Zipfel, kommen nur wenige Touristen. Der Weg dahin ist weit und beschwerlich, die touristische Infrastruktur ist dürftig, und in der feuchtschwülen Tropenluft dieser Gegend kommt man schneller ins Schwitzen als unter der Sonne Zentral- und Südnamibias. Viele ziehen der recht eintönigen und anstrengenden Autoreise die Fly-in-Safari von Windhoek aus vor.

Manchmal wandern die Elefanten bis an die Atlantikküste

CAPRIVI-ZIPFEL

(**C-F 1**) Wer das Okavango-Delta überfliegt, bekommt ein Naturphänomen im südlichen Afrika zu sehen und eines seiner am wenigsten entwickelten, wildreichen Gebiete. Da kann es vorkommen, daß das kleine Flugzeug über eine Herde von bis zu hundert Elefanten hinwegrüttelt. Auch die üppige Vegetation ist auffällig. Die Flüsse Sambesi und Kwando überschwemmen in der Regenzeit große Teile des Caprivi-Zipfels. Auf den fruchtbaren Böden werden Mais, Hirse und Weizen, aber auch Sonnenblumen, Erdnüsse und Obst sowie Gemüse angebaut. Bis Kongola übrigens darf die Hauptstraße nicht verlassen werden. Die erst teilweise geteerte Nationalstraße 8 von Otavi nach *Katima Mulilo,* dem administrativen Zentrum, ist in der Regenzeit ab Rundu ungeeignet für zweiradgetriebene Fahrzeuge. Die Piste streift die Ausläufer der Sümpfe des *Okavango,* die Moskitoplage ist beträchtlich. 460 km lang ist der Landstreifen, einst erworben von der deutschen Kolonialmacht als Verbindung zum ehemaligen Deutsch-Ostafrika. Ein geopolitisches Kuriosum, umgeben von Angola, Sambia, Botswana und Simbabwe, nicht aber von Namibia, das am Okavangoland verlassen wird. Die mit dem Lineal auf der Karte gezogenen Grenzen liegen im Westen nur 32 km, im Osten maximal 90 km auseinander. Hin und wieder gibt es einige Hütten zu sehen, während man die Kgoe-Buschleute und Caprivianer – unterteilt in Mafwe und Masubia –, die vor allem Ost-Caprivi als ihren Lebensraum sehen, nur selten zu Gesicht bekommt.

GÄSTEFARM/LODGES

Dornhügel

Die Farm mit dem stachligen Namen liegt an der D2844. 24 km von der Straße nach Rundu entfernt, inmitten von Sonnenblumen- und Baumwollfeldern, mit Swimmingpool und Tennisplatz. 6 Bungalows. *P. O. Box 173, Grootfontein, Tel. 067/816 11, Fax 24 35 03, Kategorie 2*

Kaisosi River Lodge

7 km östlich von Rundu, mit À-la-carte-Restaurant, Bar, Pool und Wohnwagenpark. Der Biergarten ist im Radius von 200 km der einzige seiner Art. 12 Rasthäuser, Standplätze. *P. O. Box*

MARCO POLO TIPS FÜR DEN NORDEN MIT ETOSHA-NATIONALPARK UND CAPRIVI-ZIPFEL

1. **Etosha-Nationalpark**
Alle Wildtiere Afrikas sind hier zu Hause – und dulden Gäste (Seite 45)

2. **Fort Namutoni**
Schön restaurierte und sinnvoll genutzte deutsche »Kolonialherrlichkeit« (Seite 47)

3. **Etosha-Pfanne**
Salzwüste mit bei Hitze flimmernden, phantastischen Luftspiegelungen (Seite 46)

4. **Otjikoto Lake**
Ein kreisrundes Wasserauge mit schnappenden Fischmäulern (Seite 49)

634, Rundu, Tel. 067/25 52 44 und 25 50 13, Kategorie 2

Lianshulu Lodge
Im *Mudumu-Nationalpark* Fahrten per Barke auf dem Kwando zu Nilpferdkolonien, Krokodilen und Vögeln; Flußsafaris. Im Dorf *Lizauli* kann man beim Zerstampfen der Hirse und beim Flechten von Schilf und Hartgras zusehen. Öko-Tourismus. 5 N$ pro Person pro Tag gehen in die Entwicklungshilfe für benachbarte Gemeinden. Restaurant, Swimmingpool. 10 Rasthäuser, Standplätze. *P. O. Box 6850, Windhoek, Reservierung über Director of Tourism (s. Auskunft), Kategorie 1*

Namushasha Lodge
Eine Anlage im östlichen Caprivi an den Ufern des *Kwandoflusses*. Tigerfische angeln, 400 Vogelarten, Flußpferde, Rappen- und Moorantilopen sowie Büffel betrachten. Das allfällige Fortbewegungsmittel ist das Boot. Pool, Bar, eigene Landebahn. 6 Bungalows und ein Familienbungalow mit 8 Betten. *Buchungen: P. O. Box 21182, Windhoek, Tel. und Fax 061/24 03 75, Kategorie 2*

ZIEL IN DER UMGEBUNG

Popa Falls **(D 1)**
Unterhalb von Bagani bricht der Okavango durch eine Schicht alter Granite und verliert auf 22 km Länge fast 20 m an Höhe. Dabei entstehen eine Reihe von beeindruckenden Stromschnellen, die Popa-Fälle. Es stehen die *Camps Popa Falls* und *Kaudum* zur Verfügung, beide haben mehrere Blockhäuser und Lagerplätze *(Kategorie 3)*, aber keine Bewirtung und Einkaufsmöglichkeit. Dafür liegen sie sehr schön am Flußufer, Angeln ist erlaubt *(2 N$)*. Es werden nur Besucher mit bestätigter Reservierung aufgenommen *(Buchung: Director of Tourism, s. Auskunft)*. Mitzubringen sind Koch- und Eßgeräte, Wasserbehälter, Taschenlampe, Sonnenschutzmittel, bei Bedarf Angelgerät. Achtung: Im Fluß gibt es gelegentlich Krokodile. Man kann sich auch auf der privat geführten *Suclabo Lodge* einquartieren, die wunderschön auf dem Hochufer liegt und Vollpension bietet *(4 Bungalows, P. O. Box 894, Rundu, Tel. 067/25 57 96, Fax 25 57 96)*. Zur Lodge gehört eine kleine Insel im Fluß, die betreten werden darf (Tagesbesucher und Übernachtende zahlen pro Tag *8 N$, Kinder 4 N$, Pkw 8 N$*).

ETOSHA

(B–D 3–4) ★ Der Etosha-Nationalpark ist fast so groß wie die Schweiz. Er gehört zu den großen Tierreservaten der Erde und gilt als einer der herausragenden Wildparks Afrikas. 1907 wurde das Wildreservat unter deutscher Kolonialherrschaft vom Gouverneur von Lindequist unter Naturschutz gestellt. Es darf nur auf den vorgegebenen Routen befahren werden, das Verlassen der Wagen ist untersagt. Der gesamte Park ist von einem 1700 km langen Zaun umgeben. Die meisten Autopisten verlaufen im Südosten des Parks, in der Baumsavannenregion. Der Westen ist hauptsächlich Busch- und Dornsavanne. Mit Zeit und Geduld ist die Gewähr, Tiere zu sehen, recht hoch. Im Ostteil des Parks, in der Gegend von Namutoni, gibt es mehrere kleine Pfannen, etwa *Fisher's Pan*, die oft wassergefüllt sind. An ihren Ufern lebt eine artenreiche Vogelpopulation. Die 4600 qkm große, bis 129 km lange ★ *Etosha-Pfanne* im östlichen Teil des Parks (**C-D3**) ist in Trockenzeiten eine silbrigweiß glitzernde Salzwüste, auf der sich in flimmernder Hitze Luftspiegelungen bilden. Vor ca. 12 Mio. Jahren war sie Binnendelta des Kunene. Durch eine Flußbettverlagerung trocknete der See aus. Die Fahrt durch den Etosha-Nationalpark lohnt vor allem in den Wintermonaten (Mai–Sept.), wenn es trocken ist, die Temperatur aber selten über 30 Grad steigt. Die max. Geschwindigkeit ist 60 km/h, offene Fahrzeuge, Motorräder und das Mitführen von Luftbüchsen und unplombierten Schußwaffen sind verboten. Haustiere sind im gesamten Park nicht zugelassen. *Einlaßgebühren pro Tag 16 N$, Kinder bis 16 Jahre 8 N$, Pkw 20 N$, Anhänger 6 N$, Wohnwagen 20 N$, Minibus 25 N$*

LODGES/RASTLAGER

Etosha Aoba Lodge

10 km östlich vom Namutoni Gate an der C 38 essen und schlafen unter Strohdächern. Swimmingpool. Das Restaurant wartet mit »euro-namibischer« Küche im reetgedeckten Haupthaus auf. 10 Bungalows. *P. O. Box 469, Tsumeb, Tel. 0671/291 00, Fax 291 01, Kategorie 1–2*

Hobatere Lodge

Westlich des Nationalparks, an der Hauptstraße nach Ruacana, versteckt sich die kürzlich renovierte (zaunlose!) Lodge in einer wilden, felsigen Berglandschaft mit Mopanewäldern und weiten Grasflächen im Damaraland. In unmittelbarer Nähe Wasserstellen, die alle aus unterirdischen Quellen gespeist werden und zur Wildbeobachtung einladen. Steve Braine ist Wildführer, seine Frau Louise eine vielgepriesene Köchin. Private Autofahrten sind verboten. Für Mutige steht ein *Baumhaus* mit zwei Betten, chemischer Toilette und einer Veranda zur Verfügung, 6 km von der Lodge entfernt. Gäste werden mitsamt Picknickkorb abends zum Baumhaus gebracht, das direkt an einer Wasserstelle liegt, und morgens wieder abgeholt. 6 Bungalows, 6 Zimmer, Schwimmbad. *P. O. Box 110, Kamanjab, Tel. 06552/20 22*

Mokuti Lodge

Für viele die schönste Lodge Namibias, direkt am Von-Lindequist-Eingangstor zum Nationalpark gelegen. Großes, gepflegtes Gelände mit Restaurant, Bar, Swimmingpool, Shop, Schlangenfarm und Landepiste. 168 Zimmer in Bungalows. *P. O. Box 403, Etosha, Tel. 067/22 90 84, Fax 22 90 91, Buchungen auch über Tel. 061/331 45, Fax 345 12, Kategorie 1*

Ongava Lodge

An der Südgrenze des Parks, 7 km vom Ombika-Tor entfernt, liegt diese exklusive Lodge mit 10 klimatisierten Doppel-Chalets, einem schönen Zelt-Rastlager und Swimmingpool. Tgl. Safaris in den Park. *P. O. Box 186, Outjo, Tel. 0671/29 60 23, Fax 29 16 13, Kategorie 1*

RASTLAGER IM PARK

Die drei Rastlager *Halali, Namutoni* und *Okaukuejo* am Südrand des Etosha-Nationalparks sind je

Übernachten wie deutsche Kavalleristen im Fort Namutoni

rund 70 km voneinander entfernt und beherbergen ihre Gäste in festen Häusern, Bungalows, fest installierten Zelten und auf Camper-Plätzen. Sie verfügen über je ein Restaurant, Laden, Tankstelle, Swimmingpool und Landebahn für Flugzeuge. Die Restaurants sind von *7–9, 12–14* und *18–22 Uhr* geöffnet. Die Touristenlager müssen vor Sonnenuntergang erreicht und dürfen nicht vor Sonnenaufgang verlassen werden. Einlaßgebühren (siehe Seite 46) werden vor der Weiterfahrt durch den Park bei Ausfahrt aus dem Rastlager bezahlt. Das *Okaukuejo*-Rastlager an der C 38, nahe dem südlichen Tor, hat ein kleines Museum, das über die Arbeit von Wissenschaftlern und Wildhütern informiert. Das *Halali Camp* wurde erst kürzlich saniert und umgebaut und besitzt nun auch ein beleuchtetes Wasserloch für Rendezvous mit der Tierwelt. Das ★ *Camp Namutoni* ist ein altes deutsches Fort, mit Rundumblick vom Turm aus. 1904 wurde die Feste von Ovambo-Kriegern angegriffen. Die sieben Verteidiger der kaiserlichen Schutztruppe konnten das Fort halten, es wurde jedoch stark beschädigt. Beim Wiederaufbau wurde es in Form eines Karrees angelegt, bewehrt mit vier Türmen, ausgestattet mit einem anheimelnden Innenhof. Nach Ende der deutschen Kolonialzeit verfiel das Fort erneut, bis es auf südafrikanische Initiative hin restauriert und zum Rastplatz umgebaut wurde. Buchungen sind ratsam, in der Hauptsaison unerläßlich und für alle drei Camps *(Kategorie 2–3)* vorzunehmen über: *Director of Tourism, s. Auskunft*

TSUMEB

(**D 3**) Nachdem sie als Industriestadt (13 500 Ew.) stillgelegt wurde, startete Tsumeb in die subtropische Karriere. Gäbe es nicht ein Relikt, den verrosteten Förderturm an der Hauptstraße, man glaubte der wucherndblühenden Gartenstadt nicht, daß sie einst Metropole des Erzhandels war. Seit 1893 hatte die Kolonialmacht die teuren Rohstoffe abgebaut. Heute ist die Ausbeutung der Minen nicht mehr rentabel. Neben den von Flam-

Springböcke erkennt man an ihren leierförmigen Hörnern

boyants, Jakarandas und Goldregen gesäumten Straßen ist die *Barbarakirche* (1913) mit ihrem Krüppelwalmdach sehenswert.

EINKAUFEN

Tsumeb Arts and Crafts Centre

Nach seiner Pensionierung startete Martin Aiff, in den Fünfzigern aus Darmstadt zugereist, in seinem Hause ein Projekt: Ältere Leute bringen arbeitslosen jungen Leuten traditionelles Kunsthandwerk bei. Selbst apathische Alkoholiker haben auf Aiffs Hof ihre im Suff verschüttete Begabung wiederentdeckt. Wer hier Kunsthandwerk erwirbt, unterstützt damit das verdienstvolle Entwicklungsprojekt. *18 Main Street, Tel. 067/22 02 57, tgl. außer So 8.30–13 und 14.30–17.30 Uhr, an der Tür klingeln*

MUSEUM

Tsumeb Museum

Ihrer jahrelangen Hartnäckigkeit hat es Ilse Schatz zu verdanken, daß sie schließlich eines Nachts an einer Zeremonie der Medizinmänner im Busch teilnehmen durfte und von den Buschleuten sogar Kultgegenstände geschenkt bekam. In der ehemaligen deutschen Schule von Tsumeb hat sie ein Museum aufgebaut, das neben der »einzigen Sammlung einer ausgestorbenen Kultur« eine mineralogische Sammlung und eine zur deutschen Kolonialgeschichte präsentiert. Wer die alte Dame erzählen hört, begreift mehr von der magischen Anziehungskraft dieses Landes. *7 Main Street, Mo–Fr 9–12 und 15 bis 18 Uhr, 2.50 N$*

HOTELS UND RESTAURANTS

Makalani

Das Haus ist beliebt wegen seines ❂ Restaurants. *24 Zi., Main Street, P. O. Box 27, Tel. 067/22 10 51, Fax 0908/22 15 75, Kategorie 2*

Minen Hotel

Größte Herberge der Stadt, À-la-carte-Restaurant, Bar. *42 Zi., P. O. Box 244, Tel. 067/22 10 71, Fax 22 17 50, Kategorie 2*

GÄSTEFARM

La Rochelle
Attraktive Farm mit Swimmingpool und Jagdmöglichkeit. *7 Zi., P. O. Box 194, Tel. 067/110 02 und 110 13, Kategorie 2*

AKTIVITÄTEN

Muramba Bushman Trails
Reinhard Friedrich ist Experte für die San (Buschleute). Er führt durch den Busch und bringt zu Sippen des Nomadenvolkes; die Nacht kann in der Hütte eines San-Volkes verbracht werden. Die Touren werden von einem San-Führer begleitet. Auf der Farm Quantsas können deren kunsthandwerkliche Produkte erworben werden. *P. O. Box 689, Tsumeb, Tel. Awenab 067/116 22*

ZIELE IN DER UMGEBUNG

Otavi **(D 4)**
Ehemaliges Industriezentrum mit 2000 Ew. 1900 hatten sich hier, in der Nähe einer Quelle, deutsche Zuwanderer niedergelassen, die Schutztruppe bekam einen Stützpunkt. Günstiger Ausgangsort für das gebirgige Umland. *Farm Dabib, 6 Zi., P.O. Box 9, Otavi, Tel. 06362/68 20, Fax 061/24 99 37, Kategorie 2–3; Farm Kupferberg, 5 Zi., P.O. Box 255, Otavi, Tel. 067/23 22 11, Fax 23 26 11, Kategorie 2*

Otjikoto Lake **(D 4)**
★ 24 km südlich von Tsumeb, direkt an der Fernstraße, leistet sich die Natur eine Laune. Es handelt sich um eine ehemalige Karsthöhle, deren Decke einbrach. Das Wasserauge ist gefüllt mit Fischen, darunter eine kleine Brassenart, von der Namibier behaupten, es gäbe sie kein zweites Mal auf der Welt. Wer Brotkrümel in den See wirft, bekommt ihre schnappenden Mäuler zu sehen – zu sehen sind außerdem Teile von Geschützen der deutschen Schutztruppe, die diese 1915 versenkte, damit sie nicht den obsiegenden Südafrikanern in die Hände fielen. Der bizarre Anblick des von wilden Feigenbäumen gerahmten, still ruhenden Sees mit seinen gewaltigen Strömungen in bis zu 70 m Tiefe, die das Erfrischungsbad verbieten, lohnt den Stopp (*2 N$* werden als »Eintritt« erhoben).

Kommunikation unter Elefanten

Im afrikanischen Busch wird nicht trompetet. Ferngespräche führen die Dickhäuter für unsere Ohren lautlos mit Infraschallsignalen. Die Schallwellen reichen unter günstigen Bedingungen über mehr als zehn Kilometer, bei Frequenzen von 14 bis 34 Hertz. Entscheidende Faktoren, damit die Kommunikation zustande kommt, sind die Härte des Untergrunds, der Pflanzenbewuchs, das Landschaftsrelief und bestimmte klimatische Verhältnisse, die mit Luftfeuchte und Temperatur zusammenhängen. Im Etosha-Nationalpark sind diese Bedingungen ideal. In Dürrezeiten mit knappem Nahrungsangebot könnten die Dickhäuter also mit entsprechenden Infraschallsignalen in Areale gelockt werden, in denen die Vegetation üppiger ist.

Unheimliche Landschaften

Im Handstand lebende Käfer, gebleichte Knochen an der Küste und Kunst am Fels

Die typische Backofenhitze Namibias gibt es hier eher selten. Am Morgen täuschen verläßlicher Novembernebel und ebenso verläßliche Kühle dem plötzlich Fröstelnden vor, er befinde sich in Kiel oder auf Usedom. Palmen und tropische Gewächse stören das Bild, sonst erinnert vieles in Swakopmund an ein deutsches Nord- oder Ostseebad. Wirkliches Bibberklima ist das natürlich nicht, und schon am Vormittag steigen die Temperaturen wieder an. Namibier, gleich welcher Hautfarbe, empfinden diese Besonderheit des Küstenstrichs als den Gipfel luxuriöser Erholung. In der Mitte und im Norden des westlichen Rands von Namibia leben Meer und Wüste – mitsamt dazugehöriger Fauna – in archaisch-friedlicher Koexistenz. Der Benguela-Strom, der aus den Tiefen der Antarktis seine eiskalten Feuchtmassen von Süden nach Norden an der Küste vorbeiwälzt, verhindert, daß Regen vom Meer in Richtung Land zieht. Hier sondert die Kälte nicht Regen an die Hitze ab, sondern Nebel. Die 100 bis 150 km breite Wüste lebt von der 10 bis 40 km breiten Wattedecke, die jeden Tag als Tränke aus der Luft zahlreichen Pflanzenarten und Tierpopulationen die Existenz ermöglicht. Kleine schwarze Käfer machen auf Dünenkämmen Handstände, stemmen die milligrammleichten Leiber gegen die feuchten Schwaden, bis am Chitinpanzer Tropfen kondensieren und ablaufen – direkt vor den durstigen Rüsselmund. Andere Insekten baggern Gräben durch den Sand, um darin Kondenswasser aufzubewahren. Eine seltsame, seltene Welt, die da am Rand eines Wasserstroms existiert, der so ungemein reich ist an Plankton, daß die steife Brise grüne Schaumfetzen über den Strand pustet. Der Fischreichtum ist enorm, in Kolonien dösen Robben kilometerlang Fell an Fell; für Millionen Seevögel sind große Plattformen installiert, auf denen sie ihre Ausscheidungen ablagern können: Guano-Dünger ist devisenbringender Exportschlager. Die vegetationsarme

Die Welwitschia mirabilis ist nicht gerade eine Schönheit, dafür aber von fossiler Größe. Tief verankert im Sand der Namib, wird sie 2000 Jahre alt

Wüstenzone mit Wasseranschluß, in der Nebelfeuchte und Vogelkot größter Naturreichtum sind, ist als lebensfeindliche, abweisende Region auch Kulisse geschichtsmächtiger Dramen und Tragödien. Wie viele schon sind an diesen unwirtlichen Gestaden gestrandet, um im gleißenden Sonnenlicht, das dennoch nie tropische Höhen erklimmt, ihre Verlorenheit um so stärker zu erfahren. Noch heute verspürt der Reisende an der Skelettküste die Einsamkeit Afrikas. Jahrhundertelang war sie der Schrecken seefahrender Nationen, deren Territorialgelüste nicht selten von schweren Stürmen, unkalkulierbaren Strömungen und Havarien im Nebel vereitelt wurden. Zahlreiche Wracks liegen auf dem Meeresgrund, manche Schiffsveteranen ragen aus den Brandungswellen. Eine wirkliche Chance hatten die Gestrandeten nicht. Da die Wasserwüste, hier das Sandmeer, beide unerbittlich. Wer den Marsch über die Dünen ins Inland antrat, wählte den sicheren Tod.

KAOKOVELD

(**A–B 1–4**) Die Frauen tragen nur Lendenschurze, das Kleinkind auf der Hüfte, ihre Körper sind mit einer rostroten Paste aus Fett und Sandpulver bestrichen und mit prächtigen Schmuckutensilien behangen. Ihre Haare haben sie geflochten wie die Männer, die traditionell Ziegenfelle tragen und Tiere hüten. Die Ovahimba stecken noch fest in den Gebräuchen ihrer Vorfahren, doch das Naturvolk kämpft, zerrissen zwischen Tradition und dem Hereindrängen des »Fortschritts«, um sein Überleben. Wer in die Dörfer des Kaokovelds im Nordwesten Namibias gelangt, erlebt aus nächster Nähe, wie würdevolle Menschen zunehmend demoralisiert werden vom Überfall der sogenannten Zivilisation. Vor allem der mit den Besuchern kommende Alkohol macht den Hirten-Nomaden zu schaffen. Wer die Szenen vor *bottle stores* gesehen hat, hat keine Zweifel mehr, daß Bier und Schnaps zum Genozid taugen. Die namibische

MARCO POLO TIPS FÜR KAOKOVELD, SWAKOPMUND UND SKELETTKÜSTE

1 Swakopmunds Innenstadt
Das größte kolonialhistorische Architekturensemble Afrikas verhilft zur Zeitreise (Seite 58)

2 Vingerklip
Ein erodierter Felsen und die Felszeichnungen auf der Farm Omburo Ost (Seite 57)

3 Mondtal und Welwitschia Nature Drive
Eine Landschaft, die nicht von dieser Welt ist – nur wenige Kilometer von Swakopmund (Seite 66)

4 Skeleton Coast Park
Die wildeste Küste Afrikas, die seltsamste Wüste der Welt (Seite 66)

Scheinbar noch im Einklang mit der Natur: Ovahimba im Kaokoveld

Regierung erwägt, Alkoholhändlern, die hier das schnelle Geschäft suchen, die Lizenz zu entziehen. Doch wie soll ein Gebiet überwacht werden, das noch etwas größer ist als die Schweiz? Die Anreise mit dem Flugzeug im Rahmen einer Fly-in-Safari ist viel weniger anstrengend und zeitaufwendig als die Fahrt mit dem Jeep, die von Khorixas aus über die Piste C 39 führt. Von dort zweigt rechts die Piste 2620 ab, die nach mehrstündiger Fahrt die *Palmwag Lodge* im Unjab Rivier tangiert, eine mit Restaurant und Swimmingpool recht ansprechende Herberge. Wer dort übernachten (Zeltplätze mit einfachen Sanitäreinrichtungen, 7 schilfgedeckte Bungalows) oder nur essen will, meldet das an bei *Desert Adventure Safaris (P.O. Box 339, Swakopmund, Tel. 064/ 40 24 34 und 40 44 59, Fax 40 46 64, Kategorie 1–2)*. Die Lodge bietet sich vor allem für Foto-Safari-Gänger an, mitunter kommen die Giraffen bis an die Zimmertür, Elefanten haben sich schon aus dem Pool gelabt. Die nächste Station ist *Sesfontein* im Tal des Hoanib. Der Ort erhielt seinen Namen von den wilden Feigenbäumen, die um sechs Quellen stehen, und war in deutscher Kolonialzeit nordwestlichster Vorposten. Die alte Feste, 1896 errichtet, wurde umgebaut zur *Fort Sesfontein Lodge (13 Zi., Anmeldung P.O. Box 40291, Windhoek, Tel. 061/22 09 38)*. Genächtigt wird in Himmelbetten. In der *Kuwarib-Schlucht*, ca. 20 km westlich von Sesfontein, läßt man den Wagen den Sandweg hinunterrutschen und kommt auf der grünen Wiese vor einem Bach zu stehen. Nach stundenlangem Staubschlucken ist das Bad mehr als erfrischend. Die Fahrt nach *Orupembe, Opuwo* oder gar an den *Kunene-Fluß* ist sehr aufwendig und führt über primitive Geröllpisten. Stille, Endlosigkeit, Einsamkeit sind die Begleiter; mitunter begegnet man stundenlang keinem Menschen. Dafür einer Karawane aus Springböcken, Antilopen, Giraffen, Hyänen und Füchsen. Die Landschaft ist von keiner Stromleitung zerschnitten, sie ist markiert von violett leuchtenden Granitgebirgen und tiefen Rivieren, ausgetrockneten Flußbetten, in denen auch in der Regenzeit nur selten Wasser fließt. Hin und wieder ist eine Begräbnisstätte der Ovahimba zu sehen, der man sich mit dem nötigen Respekt nähern sollte. Die Fahrt ist nur mit allradgetriebenem Fahrzeug möglich, beim Benzin ist Vorsorge zu treffen. Die nächste Tankstelle nach Khorixas ist in Palmwag, dann erst in Opuwo, dem Verwaltungssitz der Region Kunene, zu erreichen über die Piste 3705. Nur Reisenden, die belastbar sind und sich an grandioser Landschaft – Kenner sagen: eine der besonders aufregenden Namibias – erfreuen können, sollten diese lange Fahrt antreten.

Die *Epupa Falls* (**B 2**) am modrig-grünen Kunene-Fluß (280 km von Sesfontein, 170 km von Opuwo, Piste 3700) an der Grenze zu Angola stürzen sich kataraktartig 34 m in die Tiefe. Baden kann man im Oberlauf in angenehm temperiertem Wasser, auf das Waschen von Wäsche und Shampoogebrauch sollte jedoch verzichtet werden – Menschen und Tiere sind auf dieses Wasser angewiesen. Neu eingerichtet wurde das Buschlager *Epupa Camp,* ein ziemlich luxuriöser Ort mitten in der Wildnis und direkt am schilfbewachsenen Flußufer *(P. O. Box 26078, Windhoek, Tel. 061/23 27 40, Fax 24 98 76, Kategorie 1). Fly-in-Safaris* mit einer Dreitagetour durch das Kaokoveld in gut ausgerüsteten Geländewagen, eingeschlossen Wildbeobachtung, ein organisierter Besuch bei den Himba (für das Fotografieren wird ein Gastgeschenk erwartet, am besten Lebensmittel wie Mehl und Zucker) und Übernachten auf der Farm, bieten *Ermo Safaris, P. O. Box 20228, Windhoek, Tel. 061/ 298 20 33, Fax 298 23 88; oder: Trans Namibia Tours, P. O. Box 20228, Windhoek, Tel. 061/22 15 49, Fax 298 20 33, Kategorie 2*

KHORIXAS

(**C 4**) Manchmal tun es die Frauen. Sie arbeiten als Personal in Küche und Restaurant, und wenn die Stimmung gut ist und genügend Gäste da sind, so daß der herumgereichte Teller sich füllen könnte, stellen sie sich im Khorixas (sprich: Khorichas) Rest Camp auf und tragen Lieder vor, die viele im Land nach dem Einbruch der neuen Zeit schon vergessen haben. Afrikanisches Liedgut, sehr melodisch, ganz fremdartig, dessen Tage als Kulturgut gezählt sind. Die Distrikthauptstadt (6500 Ew.) des Landes ist gesichtslos, trotz des Stadions, das man gebaut hat, und einiger Kneipen und Tankstellen. Aber fast alle Besucher der Region fahren gleich weiter, um im Rest Camp, einem der besonders schönen Namibias, einer komfortablen Basisstation für interessante Ausflüge, zu übernachten. Das *Damaraland* ist karg, seine landwirtschaftliche Nutzung bringt wenig, aber landschaftlich ist es von großer Faszination. Die Bergwände protzen mit verwirrenden Farbtönen und zeigen, durch Erosion bedingt, ein verzauberndes geologisches Innenleben. Hier ist immer neu der Blick in den Bauch der Mutter Erde möglich. Dem *Khorixas Rest Camp* im Herzen des Damaralandes hat die kürzliche Schönheitsoperation gutgetan. Die Renovierungsarbeit war auch eine Vergrößerungsaktion. Alle 40 Bungalows erhielten neue Bäder, ein schöner Aufenthaltsraum und ein Schwimmbad sind hinzugekommen. Restaurant, Bar, Lebensmittelgeschäft und Souvenirladen, 50 Standplätze. *P. O. Box 2, Khorixas, Tel. 065712/196, Fax 388, Kategorie 2*

ZIELE IN DER UMGEBUNG

Brandbergmassiv **(B–C 5)**
Die höchste Erhebung Namibias, der *Königstein,* ist 2573 m hoch und schon aus großer Ferne auszumachen als Teil des imposanten Brandbergmassivs, das oval ausgebreitet eine Fläche von 750 qkm umfaßt, 30 km in der Länge und 23 km in der Breite. Es bildet das eingesunkene Gebirgsdach eines erloschenen Vulkans, aus verhärtetem Magma, inzwischen von Sandsteinsedimenten und Basalten durchsetzt. Doch nicht von seiner vulkanischen Vergangenheit her hat der Brandberg seinen Namen erhalten, sondern von seinem stichflammenartigen Aufleuchten bei Sonnenauf- und -untergang. Die starken Verwitterungen durch extremes Wüstenklima, ständig schleifende Winde und Wolkenbrüche in der Regenzeit haben wilde Schluchten voller Geröll und Schuttmassen hervorgebracht. Ein unwegsames Gelände mit tagsüber abnormen Temperaturen, die den Berganstieg nur geübten Kletterern mit entsprechender Ausrüstung erlauben. Alle anderen begnügen sich besser mit dem grandiosen Anblick dieser bizarren Berglandschaft und der ebenso grandiosen Stille, die allenfalls von Klippspringern oder Berghasen durchraschelt wird. Die hier lebenden Leoparden bekommt man nur äußerst selten zu sehen. Das nahe gelegene Bergbaustädtchen *Uis Myn,* in dem bis 1990 Zinn und Wolfram abgetragen wurden, hat nur noch Bedeutung als Versorgungsstation. Die Tankstelle ist die einzige weit und breit. Dort kann man sich auch mit Trinkbarem eindecken, das auf dem Weg zur *White Lady* (über die D 2359) bald von Nutzen sein wird. Die Felszeichnungen wurden 1918 vom deutschen Landvermesser Reinhard Maack entdeckt. Der Aufstieg vom Parkplatz zur Felsmalerei führt, gut markiert, durch die *Tsibab-Schlucht* und dauert eine knappe Stunde. Die Felsnische ist über und über mit Figuren bedeckt, aus der die 45 cm große Weiße Dame herausragt. Sie ist vielfach gedeutet worden, durch ihr mediterranes Erscheinungsbild galt sie sogar als europäisch inspiriert. Daß die Dame ein Herr ist, und zwar ein kriegerischer, läßt sich leicht an der martialischen Ausrüstung erkennen. Die Zeichnung soll vor etwa 3500 Jahren entstanden sein, wie 45 000 weitere Malereien, die im Bereich des Brandberges, den die Herero »Berg der Götter« nannten, dokumentiert wurden. Sie bezeugen eine vorkoloniale afrikanische Geschichte und Kultur von hohem Rang.

Twyfelfontein **(B 4)**
Die 2500 Artefakte belegen die Bedeutung des Platzes in vorgeschichtlicher Zeit, einem der herausragenden Fundorte von Fels-

Die Fingerklippe, Überbleibsel eines Tafelberges

bildern und -gravuren in Afrika. Mit den bis zu 5000 Jahre alten Kunstwerken wird bewiesen, daß der Wildbestand in den letzten Jahrtausenden unverändert blieb. Man bräuchte Tage, um sich in die Feinheiten, in die Präzision der Bilder zu vertiefen. Die anderthalbstündige geführte Rundwanderung verhilft zu einem guten Überblick. Trotzdem sollte man nicht versäumen, vor der einen oder anderen Zeichnung innezuhalten und den Blick in die Prähistorie zu senken. Dabei darf spekuliert werden. Die Wissenschaft steht noch am Anfang der Erforschung, eine Jahrtausende zurückreichende Geschichte, die in diesem Gebiet einen Kulminationspunkt vermutlich zeremonieller Art hatte, ist noch zu entschlüsseln. Wegen der großen Hitze ist es ratsam, genügend Flüssigkeit mitzuführen. Besucher mit schwachem Kreislauf sollten bei Temperaturen, die über 40 Grad steigen, auf die Visite verzichten.

Versteinerter Wald **(C 4)**

Das Freilichtmuseum der Vorgeschichte ist über die Schotterstraße C 39 in Richtung Torra Bay zu erreichen. Der von Khorixas aus 42 km lange Weg lohnt sich auf jeden Fall, führt er doch in ein geologisches Zeitalter ganz anderer Art. Die versteinerten Baumstämme auf einer Fläche von über 60 ha inmitten einer offenen Trockensavanne sind Überbleibsel einer fossilen Periode, in der es noch keine blühenden Pflanzen gab. Die einstigen riesengroßen Nadelbäume sind rund 300 Millionen Jahre alt. Ob sie seinerzeit hier wuchsen – die Wachstumsringe sind deutlich auszumachen – oder von Wassermassen anderswo entwurzelt und angeschwemmt wurden, ist ungeklärt. Vermutlich waren sie die längste Zeit von konservierenden Schlammassen luftdicht abgedeckt, so daß sie nicht verwesten, und wurden dann wieder als Zeugen der Erdgeschichte freigelegt.

Vingerklip (Fingerklippe) (B 4)
★ Die Erosion leistete ganze Arbeit. Die *Vingerklip*, von Khorixas aus über die Straße C 39 zu erreichen (nach 55 km rechts über den Weg 2351), ist der präparierte Rest eines Tafelbergs, das markante Ergebnis einer Arbeit von rund 30 Millionen Jahren. In dieser unvorstellbar weit zurückliegenden Zeit führte der Ugab ungeheure Massen an Sand und Gestein mit sich, die die ganze Ebene füllten, durch die sich dann der Fluß sein Bett neu grub. Die erodierenden Prozesse veränderten die Landschaft immer wieder, nur die 35 m hohe Sandsteinsäule mit einem Umfang von 44 m, etwa 15 Millionen Jahre alt, blieb als Rudiment dieser unermüdlichen geologischen Arbeit zurück. Sie besteht aus verbackenem Flußschotter, aus zusammengepreßtem Geröll, in Jahrmillionen verleimt. Warum, das bleibt ein Geheimnis der Natur. Man sollte die prähistorische Statue in den großartigen Ugab-Terrassen, vom Parkplatz nur fünf Minuten entfernt, aus nächster Nähe in Augenschein nehmen, schließlich bekommt man nur selten die Möglichkeit, so etwas zu betrachten, zu betasten und sogar – entsprechende Fähigkeiten vorausgesetzt – mit großem bergsteigerischem Geschick zu erklimmen. Die Aussicht über die Berglandschaft verdient den Ausdruck grandios. Wer genug Zeit hat, sollte bleiben: Seit Mitte 1995 gibt es die vom Wiesbadener Ehepaar Techow eröffnete *Vingerklip Lodge*, Bungalows im afrikanischen Stil, mit sehr guter Küche, großem Grillplatz, Pool und Bar. *20 Bungalows, Tel. 06532/33 21.* Anmeldungen auch über *Windhoek, P. O. Box 11550, Tel. 061/22 03 24, Fax 22 14 32, Kategorie 2.* Über diese Nummern kann man auch die Touren zu den jüngst entdeckten Felszeichnungen von Eckard Reitz auf seinem Grundstück, der *Farm Omburo Ost Nr. 81*, erfragen. Sie finden statt, wenn sich mehrere Personen (max. acht) zusammenfinden. Die werden dann in offenen Wagen durch das Bett des Ugab zu altsteinzeitlichen Sammelplätzen gefahren. Einige der Gravuren sind in Namibia einmalig, die Zeichnungen sind außergewöhnlich ausdrucksstark (zwei Std. pro Person *10 N$*).

SWAKOPMUND

(**B 8**) Swakopmund (30 000 Ew.) liegt nur einen Breitengrad vom Wendekreis des Steinbocks entfernt, erscheint aber so deutsch wie kaum eine deutsche Stadt. Nur an einem Punkt konnte sich deutschnationale Gesinnung nicht durchsetzen: Der herkömmliche Nama-Name blieb, obwohl er den Gründervätern als anstößig galt, denn er ist abgeleitet von den Begriffen *Tsoa* (After) und *Xoub* (Exkremente) und entstand, weil der Swakop-Fluß nach heftigem Regen Unmengen von Sand, Gestrüpp und Tierkadavern als bräunliche Kloake in den Ozean schiebt.

Der Strand ist breit, der Sand schneeweiß und pudrig-fein, und Gratisplätze zum Sonnenbaden gibt es genug. Das Wasser ist allerdings kalt, die Temperaturen gehen im Sommer selten über 22 Grad, im Winter kühlen sie ab bis auf 13 Grad. Der Benguela-Strom sorgt zudem für gefährliche Strömungen, die es nicht ratsam erscheinen lassen, über die geschützten Buchten hinauszuschwimmen. Swakopmund hat eine Küstenpromenade, eine historische Seebrücke und einen Leuchtturm, der alle Häuser der Stadt überragt. Die schönsten Häuser neuerer Bauart sind zum Atlantik hin ausgerichtet. Aber die ursprüngliche Bebauung verrät die meerabgewandte Orientierung der Gründerväter. Swakopmund hat das flächenmäßig größte und am meisten intakte kolonialhistorische Architekturensemble Afrikas. Die Vorfahren des deutschen Bevölkerungsanteils sind schuld daran – sie mußten auch im Wüstensand für die Ewigkeit bauen. Jugendstilvillen und Gründerzeithäuser, Kaserne, Lazarett, Kirche, Gericht und Handelsniederlassungen – in Swakopmunds City kommt man an der Zeitreise nicht vorbei. Sie führt in die Wilhelminische Epoche, der diese Stadt ihre frühe Blüte verdankt.

An manchen Wochenenden werden *Freiluftkonzerte* geboten. Man sitzt gemischtrassig und quer durch alle Generationen auf den Treppen des »Amphitheaters« und swingt mit bei Rock, Pop, Dixieland und Blasmusik. Am meisten Stimmung kommt auf, wenn schwarze Musiker ihre Performance vorführen (*Post-/Garnisonstr.* Auskunft über das Programm im Namib Information Centre s. S. 64).

BESICHTIGUNGEN

Innenstadt

★ Kurze Zeit war Swakopmund meerzugewandt. Es entstand 1892 als künstlicher Hafen, weil die Deutschen nicht vom britischen Hafen Walvis Bay abhängig sein wollten. Doch die Schiffe mußten zwei Meilen vor der Küste ankern, der Transport von Ladung und Passagieren war äußerst schwierig. Deshalb begann man mit dem Bau der 262 m langen *Landungsbrücke* Jetty, an der ein Stadtrundgang beginnen kann. Er führt zuerst zum *Hohenzollern-Haus* (Moltke-/Brückenstr.), 1906 als Neobarockhotel mit Renaissanceelementen errichtet. Dann zum *Woermann-Haus* (Bismarck-/Brückenstr.), in dem einst Angestellte der Woermann-Reederei wohnten und das heute Lesesaal mit deutschen Publikationen ist. Daneben liegen die Ausstellungsräume des *Kunstvereins (Mo–Fr 17–19 Uhr)*. Es lohnt sich, in der Bibliothek den Schlüssel für den *Damara-Turm* zu erbitten *(2 N$)*. Von einem der höchsten Punkte der Stadt kann man sie überblicken *(Mo–Do 9–12 und 15–19, Fr 9–12 und Sa 10–12 Uhr)*. Rotweiß geringelt überragt der 21 m hohe Leuchtturm alle anderen Gebäude. Er verhilft heute weniger Schiffen als Touristen im Nebel zur Orientierung. Das *Kaiserliche Bezirksgericht* (Poststr.) gehört zu den imposanten Bauten Swakopmunds und dient dem Staatspräsidenten als Sommerresidenz. Gegenüber steht die *Alte Post* von 1906, in der jetzt die Stadtverwaltung sitzt. Die *Evangelisch-Lutherische Kirche* (Post-/Otavistr.) entstand 1910 in Neobarock, womit der Ingolstädter Architekt Otto Ertl die Fülle der Gründerzeit- und Jugendstilbauten kontrastierte. Das *Bahnhofsgebäude* wurde 1901 von Carl Schmidt im Stil süddeutscher Bahnhöfe mit Rundbogen und

Renaissanceverzierungen erbaut, der Wilhelminische Mittelturm kam erst später hinzu. Inzwischen sind Hotel und Entertainment Centre eingezogen. Wer durch ein Stück Deutschland schlendern will, wie es in Deutschland nicht mehr existiert, sollte durch die *Kaiser-Wilhelm-Straße* flanieren. Hier gibt es Häuser mit Stukkaturen und Puttengesims, die an Berliner Mietshäuser der Jahrhundertwende erinnern. Die alte Adlerapotheke, älteste der Stadt, ist einen Blick wert. Danach geht es zurück zur Mole, die künstlich mit exotischer Pracht bepflanzt wurde, die nur durch eine Dauerbewässerung am Blühen erhalten werden kann. Hier ruht man sich auf einer Bank oder im Café vom Rundgang durch die Stadt aus. Eine *geführte historische Stadtbe-*

Hohenzollern-Haus in Swakopmund: 1906 als Hotel erbaut

sichtigung bietet Frau Flamm-Schneeweiß an. Sie hat nicht nur einen sehr deutschen Namen, sie kennt sich auch mit der deutschen Vergangenheit Swakopmunds gut aus. Ihre Führungen bringen zu allen Orten der kurzen Etappe Wilhelminischer Kolonialgeschichte. Erstaunlich, wie viel Steine zu erzählen haben. *Auskunft über Museum Swakopmund und Tel. 064/40 16 47*

Marine-Aquarium

Die Unterwasserwelt des Atlantik als ökologische und ökonomische Ressource Namibias und die Fischindustrie als Wirtschaftsfaktor sind Thema im 1995 eröffneten Marine-Aquarium. Der Besuch lohnt sich auch mit kleineren Kindern. Natürlich glotzen auch jede Menge glubschäugige, knallbunte und bizarre Meerestiere durch die großen Glaswände der 17 Aquarien. Im Tunnel, in dem der ovale Haupttank durchquert wird, treiben Haie über die Köpfe der Besucher hinweg. Fütterung 15 Uhr, Sa, So und Di durch Taucher. *Strandstr. 4, Di–So 10–16 Uhr, 6 N$, Kinder und Rentner 3 N$*

MUSEUM

Swakopmund Museum

»Bauet am Erbe«, steht verpflichtend über dem Eingangsportal des schlichten Hauses. Der deutsche Zahnarzt Dr. Alfons Weber hat sorgsam zusammengetragen, was in diesem Land interessant ist. Das Schaumuseum wurde 1951 eröffnet. In mehreren Abteilungen werden vorgestellt: Namib-Wüste und Ozean, beide Extreme in großen Dioramen ausschnittsweise; das Emil-Jensen-Herbarium mit Namib-Flora und einheimischer Tierwelt; eine Mineraliensammlung mit einigen auserlesenen Stücken; das Transportwesen während der Pionierzeit wird dargestellt (besonders beachtenswert: ein originaler Ochsenwagen, der vor einem Jahrhundert zwischen Grootfontein und Angola verkehrte, die Kutsche des letzten deutschen Gouverneurs, das Modell einer alten Zwillings-Lokomotive, Schiffsausrüstungen und der Leuchtkopf des alten Swakopmunder Leuchtturms); integriert sind völkerkundliche Sammlungen; ausgestellt sind die originale Adler-Apotheke und die Zahnarztpraxis von Dr. Alfons Weber sowie das Schmerenbeck-Zimmer im Jugendstil; die Arbeitsprozesse in der Uran-Mine werden im Rössing-Saal erläutert. Kein Museum in Namibia ist informativer. *Strandstr., tgl. 10–13 und 14–17 Uhr, 7.50 N$, Kinder 3 N$*

RESTAURANTS/CAFÉS

Café Anton

Eine gastronomische Institution, in der vor allem deutsche Konditorkunst gepflegt wird. Im Hotel Schweizerhaus. *Bismarck-/Poststr., Tel. 064/40 03 31*

Erich's Restaurant

Gepflegte deutsche Gastlichkeit. Eines der besten Lokale der Stadt. Sehr leckere Fischgerichte. *Poststr. 21, Tel. 064/40 51 41, tgl. außer So 18–23 Uhr, Kategorie 1*

Frontiers

An den Wänden findet der Gast Felsmalereien, auf den Tellern traditionelle afrikanische Gerichte. *Moltkestr. 18, Tel. 064/40 41 71, tgl. 12–24 Uhr, Kategorie 2*

Kücki's Pub und Restaurant
Deftige Gerichte, meist rammelvoll. *Moltkestr. 22, Tel. 064/40 24 07, tgl. außer So 19–24 Uhr, Kategorie 2*

Platform One
Bestes Bahnhofsrestaurant von ganz Afrika. Spitzenküche, große Auswahl an internationalen Gerichten, abends öfter ein Schlemmerbüfett. Ambiente mit Jugendstil-Anklängen, Reservierung ist ratsam. *2 Bahnhof Street, Tel. 064/40 08 00, tgl. 12–14 und 19–24 Uhr, Kategorie 1*

Café Seebad
Ein Kaffeehaus, wie es in Europa kaum noch existiert. Die Atmosphäre ist leicht verschlafen, die Kuchentheke groß. Es gibt aber auch belegte Brötchen und einen preiswerten Mittagstisch. *Kaiserstr., tgl. 9–21 Uhr*

Café Treffpunkt
Das Mobiliar im Stil der fünfziger, das Personal im Stil der sechziger Jahre. Hier treffen sich alte, aber auch jüngere Einheimische zu Kaffee und Kuchen, angenehme Atmosphäre. *Kaiser-Wilhelm-Str. 25, Mo–Fr 6.30–13 und 15–18, Sa 6.30–13 Uhr*

EINKAUFEN

Antiquitäten
Peter's Antiques hat Unmengen an Trödel aus der Kolonialzeit gehortet, vom Hausrat bis zu Militaria. Die Abteilung Afrikanische Kunst gehört zum Besten, alle Stämme des Landes sind mit ihrer Kunst vertreten. *Moltke-Str.*

Briefmarken
Tausch und Verkauf bei *Namib Stamps, Kaiser-Wilhelm-Str., gegenüber Café Treffpunkt*

Bücher
Die älteste Buchhandlung des Landes wurde 1900 von einem Zuwanderer namens *Delius* gegründet und residiert heute in einem restaurierten Haus aus dem Jahr 1911. Deutsch- und englischsprachige Literatur, auch aktuelle Neuerscheinungen, sowie Zeitungen und Zeitschriften. *Kaiser-Wilhelm-Str. 22–24*

Ethnographika
Der 1985 eröffnete Kunstladen *»The Muschel«* ist in der Vermittlung namibischer Volkskunst im Land führend. Die Buchabteilung ist übersichtlich geordnet und umfangreich. *Breite Str. 32*

Goldschmiedearbeiten
Swakopmunds ältestes Geschäft für Schmuck und handgemachte, recht preiswerte Gold- und Silberschmiedearbeiten, *Immo Böhlke, Kaiser-Wilhelm-Str.* Die Goldschmiede *Galerie* im Gebäude des *Hansa Hotels, Roonstr.,* offeriert African Art.

Kleidung
Crafts & Clothes verkaufen die Jungunternehmer von *Small World,* einer neueren Geschäftsadresse. Mit den Outdoor-Schuhen aus Wildleder und der schicken Freizeitkleidung macht man in Busch und Stadt eine gute Figur. *Kaiser-Wilhelm-Str., gegenüber Café Treffpunkt*

Tierfelle
Wer seine Wohnung mit Fellen schmücken möchte, findet bei

Swakopmund Tannery eine reiche Auswahl. Beachten Sie das Artenschutzabkommen! *Leutweinstr. 7*

T-Shirts

Im witzigsten Bekleidungsladen der Stadt kann man sich Folkloristisches aufs T-Shirt bügeln lassen. *Tusk T-Shirts Namibia, Brükkenstr. 19 A*

HOTELS

Bungalows

Am südlichen Stadtrand entstand in den letzten Jahren eine Siedlung mit lauter spitzgiebeligen Häusern, die zu mieten sind. Das Angebot reicht von der spartanischen *fisherman's hut* bis zum komplett eingerichteten Sechs-Betten-Bungalow; eingezäunter Kinderspielplatz, bis zum Strand sind es nur 200 m. *Am Ende der Moltke-Str. Tourism Municipality of Swakopmund, Private Bag 5017, Swakopmund, Tel. 064/40 28 07/8, Fax 40 20 76, Kategorie 2–3*

Garni Adler

Helles Haus am Meer mit Sicht auf die Dünen der Namib, mit Innenhof, Hallenbad und Sauna. *14 Zi., Strandstr. 3, P.O.Box 1497, Tel. 064/40 50 45, Fax 40 42 06, Kategorie 2*

Pension D'Avignon

Haus im Kolonialstil mit Garten und Pool, mitten im Zentrum. *11 Zi., Brückenstr. 25, Tel. 064/40 58 21, Kategorie 3*

Hansa Hotel

1905 eröffnetes Haus in plüschigem Stil, in dem Eartha Kitt, Gunter Sachs, Aristoteles Onassis und die meisten Gruppenreisenden abgestiegen sind. *55 Zi., Roonstr. 6, P.O.Box 44, Tel. 064/40 03 11, Fax 40 27 32, Kategorie 1*

Lichtenstein

Kurioses Burghotel, 12 km östlich an der B2 auf einer Anhöhe. Die Burg war Zollabfertigungsstelle des Deutschen Reiches. Nach einem Besitzerwechsel wurde das Hotel renoviert. Vom Kaffeetisch aus kann man am Swakop Vögel betrachten. *8 Zi., P.O.Box 171, Tel. 064/40 03 84, Kategorie 2*

Swakopmund Hotel

Das Hauptgebäude des ehemaligen Bahnhofs ist zu einem hellen und freundlichen Hotel im modernen Kolonialstil umgebaut worden. Im Innenhof, wo einst die Schienenstränge verliefen, lädt ein Pool zum Baden und eine große Rasenfläche zum Sonnen ein. *90 Zi., 2 Bahnhof Street, P.O.Box 616, Tel. 064/40 08 00, Fax 40 08 01, Kategorie 1–2*

CAMPING/JUGENDHERBERGE

Camping und Caravaning

An der Straße C34, 5 km in Richtung Norden, bei Meile 4, liegt ein großer Zelt- und Wohnwagenpark mit guten Sanitäreinrichtungen. 500 Stellplätze. Buchungen: *Ministry of Defence Foundation, P.O.Box 3452, Swakopmund, Tel. 064/40 17 81.* Wer sich erst vor Ort entscheidet, im Land campieren zu wollen, kann Caravan, Zelt und Zubehör mieten bei *Swakop Auto-Rent and Tours, P.O.Box 3991, Tel. und Fax 064/40 41 27*

Swakopmund Youth Hotel-Kaserne

Schlafen, wo Preußens Gloria schlummerte – in der umgebauten zinnenbewehrten und türmchengekrönten Kaserne, in der 1905 die Baukompanie für die Landungsbrücke Quartier bezogen hatte. Nur für junge Leute zwischen 15 und 30 Jahren. Jede/r erhält an der Rezeption kostenlos ein Kondom, Aids-Vorsorge wird großgeschrieben. 6 Zimmer mit insgesamt 80 Betten. *20 bis 45 N$. Rezeptionszeiten Mo–Do 8–18, Fr 8–19, Sa und So 9 bis 13 Uhr. Bismarck-/Lazarettstr. P. O. Box 4332, Tel. 064/40 41 64 und 40 48 16, Fax 40 53 73*

SPORT UND AKTIVITÄTEN

Angeln

Brandungsangeln in der Umgebung von Swakopmund, Haifischfang vom Boot aus oder ein dreitägiger Angelausflug an die Skelettküste (bei einer Mindestanzahl von vier Personen). Ab *220 N$*, inklusive Versicherungsschutz. Solide Organisation von *Namibia Photo Tours, Roonstr. 8, P. O. Box 442, Swakopmund, Tel. 064/ 40 42 14 und 40 49 23, Fax 40 45 61.* Ein ähnliches Angebot wird auch von *Westcoast Angling Tours* unterbreitet: *Otavi-Str. 9, P. O. Box 545, Swakopmund, Tel. 064/40 23 77, Fax 40 25 32.* Wer Petri Heil individuell sucht, braucht offiziell dazu eine Erlaubnis. *Ministry of Fisheries and Marine Ressources, Strandstr., P. O. Box 912, Swakopmund, Tel. 064/ 40 57 44.* Zwar wird das mit dem *permit* so streng nicht gesehen, aber der Inspektor hat mitunter gute Tips auf fischreiche Stellen.

Golf

Den kleinen weißen Ball durch die älteste Wüste der Welt befördern: 5 km von Swakopmund entfernt, an der Straße nach Windhoek, liegt der *Rossmund Golf Club*, ein 18-Loch-Platz mit Clubhaus. Alles, was der Golfer braucht, kann auch gemietet werden. *Mo geschl., Tel. 064/ 40 56 44 (Greenfee 60 N$)*

Kamelreiten

Camel Farm bietet jeden Nachmittag zwischen *14–17.30 Uhr* 9 km östlich von Swakopmund an der D 1901 Ausritte auf dem Rücken eines Kamels. *Tel. 064/40 0363*

Rundflüge

Für 230 km Rundflug wird eine Stunde, für 1400 km ein Tag (mit mehreren Zwischenlandungen) benötigt. Die Flüge finden tgl. statt und kosten zwischen *250* und *800 N$. Pleasure Flights, Kaiser-Wilhelm-Str. P. O. Box 537, Tel. 064/40 45 00, Fax 53 25*

Sandboarding

Swakop Auto-Rent & Tours vermietet die richtigen Bretter, um die Sanddünen vor der Stadt herunterzubrettern. *Tel. und Fax 0641/ 615 06. Rhino-Tours* führt kleine Gruppen (mind. 4 Personen) zu den besten Dünen *(P. O. Box 43 69, Tel. 064/40 57 51, Fax 40 57 57, 50 N$).*

Schwimmen

An der Strandmole, wo sich ein hübscher Badestrand befindet, wird es meist nicht getan, nur, wenn das Wasser angewärmt ist. Aber das Jungvolk kommt hierher, um Frisbee-Scheiben zu werfen. Die einzige *Schwimmhalle* Namibias gegenüber hat olympische Ausmaße und Warmbadetage. *Mo und Mi 7.15–9.15 und 14.30–19.30, Sa 8–10 und 14–19, So 14–19 Uhr, 3 N$, Sauna 11 N$*

Wandern
Organisierte Ganztagswanderungen durch die Namib-Wüste, über die schönsten Dünen nahe der Stadt, zur Robbenkolonie am Kreuzkap oder zur Spitzkoppe, dem »Matterhorn« Namibias. *Ab 130 N$. Namibia Photo Tours, Roonstr. 8, P. O. Box 442, Swakopmund, Tel. 064/40 42 14 und 40 49 23, Fax 40 45 61*

AM ABEND

Disko Scandals
Im Basement, hinter schallgesicherten Türen, dröhnen tgl. die gängigen Hits von 20–3 Uhr. Wer nur ein Softgetränk will, kommt sich an der Theke nicht blamabel vor. *Roonstr., gegenüber Hansa Hotel*

O' Kelly's
Bar-Bistro, In-Treff der jungen Elite. *Roonstr., tgl. 19–2 Uhr*

Kino
Im *Atlanta Cinema Theatre* laufen meist amerikanische Filme, oft mit einiger Verspätung gegenüber dem Europa-Start. *6–10 N$. Roonstr.*

The Mermaid Casino
Klein-Las-Vegas im umgebauten alten Bahnhof. Lauter Slotmachines, dazu Blackjack und Roulette. Geld ausgeben und – vielleicht – gewinnen dürfen nur Personen ab 18 Jahren. *Entertainment Centre, 2 Bahnhof Street., Mo–Fr 19–4, Sa und So 13–4 Uhr*

The Tavern Bar
Swakopmunds beherzter Versuch, ein Nachtleben zu installieren. Öfters Live-Musik, Cocktail-Bar. *Entertainment Centre, 2 Bahnhof Street, tgl. 20–5 Uhr*

The Tug
Ein Haus wie ein Schiff, mit Kabinenaufbauten und Bullaugenfenstern. Über eine steile Stiege geht es an Deck, die als Terrasse tagsüber und am frühen Abend als Treffpunkt junger Leute sehr beliebt ist. Wird der Wind vom Meer her zu kühl, wechselt man in die Kajüte an den Bartresen. *An der Jetty, Tel. 064/40 23 56, Mi–So, am Wochenende bis 2 Uhr, sonst bis 24 Uhr*

AUSKUNFT/AUTOVERMIETUNG

Namib Information Centre
Neue Einrichtung im Zuge der touristischen Aufrüstung, folkloristisch gestaltet, freundliches und hilfsbereites Personal. *Roon-/Kaiser-Wilhelm-Str., Tel. 064/40 22 24, Mo–Fr 8.30–19, Sa 9–13 und 16–19, So 10–12 und 16–19 Uhr*

Autovermietung
(Auswahl) *Avis Rent-a-Car, Kaiser-Wilhelm-Str. 36, P. O. Box 1216, Tel. 064/40 25 27; Budget Rent-a-Car, Kaiser-Wilhelm-Str. 42, P. O. Box 180, Tel. 064/40 20 80, Fax 40 47 20; Imperial Car Hire, Knoblochstr., P. O. Box 748, Tel. 064/40 15 87.* Allradgetriebene Jeeps bei *Namib 4x4 Hire, Kaiser-Wilhelm-Str. 55, P. O. Box 4048, Tel. 064/40 41 00, Fax 40 52 77*

ZIELE IN DER UMGEBUNG

Hentiesbaai (B 5)
Fisherman's paradise. Die National West Coast Tourist Recreation Area – nördlich von Swakopmund bis zur Ugab-Mündung, rund 200 km – wird unter Sportfischern hochgehandelt. Neben Meile 8 und Meile 13 werfen sie besonders gern hier die Hochsee-

angel aus. Am beliebtesten ist das Brandungsangeln auf den Kupferhai. Der hübsche Ort ist benannt nach dem Polizisten Hentie van der Merwe, der seit 1929 als erster hier regelmäßig Erholung suchte. Seit 1965 hat Hentiesbaai eine Verwaltung und wächst stetig. Neben zahlreichen Camping- und Wohnwagenplätzen gibt es das toprenovierte Hotel *De Duine (Duineweg, P. O. Box 1, Tel. 064/50 00 01, Fax 50 07 24, Kategorie 2–3)*. Gut speisen kann man im *Spitzkoppe Restaurant (tgl. 12–23 Uhr, Tel. 064/50 03 94, Kategorie 2)*. Alles, was an Fischgerichten auf den Tisch kommt, heißt Kabeljau, und serviert wird er immer in riesigen Portionen.

Kreuzkap (Cape Cross)/ Robbenreservat (B 5)

1486 landete Diego Cão hier und errichtete für seinen portugiesischen König eine kreuzgekrönte Wappensäule. Der erste Europäer in diesem Teil Afrikas meldete damit die kolonialen Interessen seines Herrschers an. Doch 400 Jahre lang interessierte die symbolische Willenserklärung niemand, eine reale Inbesitznahme war ihr nicht gefolgt. 1893 ließ ein deutscher Kapitän das schwere *padrão* aus Kalkstein abbauen und nach Berlin verfrachten. 1894 ließ Kaiser Wilhelm sein Granitkreuz aufstellen. Damit war die deutsche Ordnung hergestellt. 1980 kam unter südafrikanischer Mandatsherrschaft ein zweites Kreuz dazu, der Platz wurde neu gestaltet. Die Pflasterung markiert das Kreuz des Südens und unterstreicht dadurch die Bedeutung der Orientierung an den Sternen für frühe Seefahrer. Die meisten

Robben am Cape Cross: Touristenattraktion und Devisenbringer

Touristen kommen jedoch wegen der größten Robbenansammlung der Erde. In der Brunftzeit (Sept.–Dez.) drängen sich bis zu 200 000 Tiere auf den Klippen des Kaps. Besucher sollten auf keinen Fall zwischen den Robben herumlaufen, weil dann Panik ausbricht, was für Jungrobben tödliche Folgen haben kann. *Das Robbenreservat ist ganzjährig 10 bis 17 Uhr geöffnet. Erwachsene 5 N$, Kinder 2.50 N$, Pkw 5 N$, Wohnwagen 5 N$, Minibus 7.50 N$*

Mondtal und Welwitschia Nature Drive (C 6)

Die Landschaft ist nicht von dieser Welt, auch wenn sie nur wenige Kilometer von Swakopmund entfernt liegt. Wer die geteerte Straße Richtung Windhoek verläßt, wo das Schild nach Goanikontes weist (Weg Nr. 1991), einer Farm im Bett des

Swakop, gerät auf eine steinige Straße mit welligem Auf und Ab. Das ★ *Mondtal* erscheint tatsächlich außerirdisch. Vegetationslose Felsen mit tief eingeschnittenen Tälern, geschaffen in erdgeschichtlichen Prozessen mit Hilfe der Wasserkraft des Flusses, erscheinen unpassierbar, abweisend, lebensfeindlich. Von zahlreichen Aussichtspunkten kann das Unheimliche schaudernd goutiert werden.

Bei der Weiterfahrt zur ★ *Welwitschia-Fläche* (einige km zurück, dann links, immer der Beschilderung Welwitschia Nature Drive folgen) werden die Trockenbetten von Khan und Swakop durchquert, die sich in diesem Gebiet überlappen. Hartgesottene Camper können hier ohne Genehmigung ihr Zelt aufschlagen. Auch in der Nähe einer *Welwitschia mirabilis*, der seltsamsten Pflanze der Erde, benannt nach ihrem Entdecker, dem österreichischen Botaniker Friedrich Welwitsch, der sie 1859 als erster charakterisierte. Die Namib-endemische mächtige Pflanze, von der es hier besonders viele Exemplare gibt, hat ihre hölzerne Pfahlwurzel bis zu anderthalb Meter in die Erde getrieben, ihre am Boden schlappenden Blätter sind lederartig und können bis zu acht Meter lang werden. Unter extremen Klimabedingungen und mitten im sandigen Nichts lebt und blüht diese Pflanze, die bis zu 2000 Jahre alt wird und die es schon vor 350 Millionen Jahren gegeben haben soll. Einem lebenden Fossil sollte man nachsehen, daß es, was die Schönheit betrifft, mit seinen floralen Ururenkeln nicht ganz mithalten kann.

Rössing-Mine (C 6)

Der Besucher steht in einem weitläufigen Uran-Tagebau und bestaunt das technische Spezialgerät. Vor radioaktiver Verseuchung muß niemand Angst haben – die ist hier geringer als zu Hause. *Besichtigung nur freitags. Busabfahrt 8 Uhr vom Parkplatz vor dem Schweizerhaus in Swakopmund, Rückkehr gegen 13.30 Uhr, Fotografieren ist möglich, 10 N$*

Skelettküstenpark (Skeleton Coast Park) (A–B 3–5)

★ Ein steifer Westwind bläst gegen eine Mondlandschaft aus endlosen Sanddünen, Felsen und Bergen. Wind und Meeresströmung haben im Laufe der Gezeiten ungezählte Schiffe und sogar Wale an Land geworfen. In der Küstenwüste finden sich bis heute ausgebleichte Knochen von Tieren und manchmal auch von Menschen. Heute wird das Gebiet systematisch überwacht, es gibt kleine Flugplätze, und bis Möwe Bay reicht eine Schotterstraße. Dennoch sollte niemand riskieren, es auf eigene Faust mit Wind, Düne und Fels aufzunehmen. Tagesbesucher dürfen sich nur im südlichen Bereich des Parks aufhalten und nicht bis nach Torra Bay und Terrace Bay fahren – die Entfernungen sind einfach zu groß. Der äußerste nördliche Teil des Parks, oberhalb des Hoanib-Flusses, ist auf dem Landweg nicht zu erreichen, wer sich einfliegen lassen will, braucht eine Sondergenehmigung. Auf den Landbesuch dieses Wüstenteils, der als Wilderness Area im Urzustand erhalten bleiben soll, sollte man verzichten und sich mit einem Blick aus der Luft begnügen. Der Skeleton

Coast Park ist eine Gegend von faszinierender Menschenfeindlichkeit und ebensolchem Zauber. Eingelassen wird an den beiden Zufahrtstoren Ugabmund und Springbokwasser nur, wer einen Erlaubnisschein des Reservierungsbüros in Windhoek oder vom Touristenbüro in Swakopmund vorweist. Muß der Schein erst eingelöst werden, ist eine Wartezeit zu veranschlagen. *Nach 15 Uhr wird niemand mehr hineingelassen. Tageskarte 16 N$, Kinder 8 N$; Pkw 20 N$, Anhänger 6 N$, Wohnwagen 20 N$, Minibus 25 N$.* Der Park umfaßt 16 360 qkm, ist landeinwärts bis zu 40 km breit und reicht vom Ugab Rivier bis zum Kunene-Fluß, der die Grenze zu Angola bildet. Das sind rund 500 km. Den besten Überblick über diese Landschaft mit gleichermaßen wildem Meer und Wüste verschafft man sich aus dem Flugzeugfenster während der Fly-in-Safari. Doch auch Fahrten in allradgetriebenen Jeeps entlang der Pistenmarkierungen sind möglich. Man kann sogar, wenn man soviel Einsamkeit erträgt, über Nacht bleiben (z.B. in Terrace Bay, s. S. 63).

Die rauhe Wüste ist ökologisch höchst sensibel. Die Berge sind reich an Mineralien, zuweilen tragen sie eine feine Kruste aus Achat und Rosenquarz, Amethyst, Bergkristall, Topas und Granat. Desperados, die hier nach den begehrten Klunkern – meist vergeblich – suchten, haben Reihen aufgesiebter Pyramiden hinterlassen. Reifenspuren blieben vom südafrikanischen Militär zurück und von hemmungslosen Zeitgenossen, die hier wild herumkurvten. Die menschlichen Eingriffe in diese bizarre Natur sind teilweise über ein halbes Jahrhundert alt, und der Wind hat sie noch nicht verweht.

Aus dem Leben der Robben

Südlich von Swakopmund und Walvis Bay, aber auch an der Skelettküste lagern Robben in riesigen Scharen auf Stränden und Klippen. Am meisten in der Brunftzeit (Sept.–Dez.), wenn sich die sonst selten gesehenen Bullen zum Zweck der Arterhaltung einfinden und der Kampf um Territorien und Haremsgrößen für Turbulenz auf den Steinen und zwischen den Wellen sorgt. Bis zu 25 weibliche Tiere schließen sich einem bis zu 360 kg schweren Bullen an, und die wollen gehütet und geschwängert sein! Nach der Brunftperiode verlassen die massigen männlichen Tiere den Ort des Gefechts sichtlich erleichtert, auch bezogen auf ihre Leibesfülle. Nicht selten haben sie ein Drittel und mehr ihres Körpergewichts verloren. Die Kühe säugen ihre niedlichen Robbenbabies fast ein Jahr lang. Trotzdem verendet etwa ein Drittel des Nachwuchses: wegen zu langer Abwesenheit der nahrungssuchenden Mutter, durch Ertrinken bei ersten tolpatschigen Schwimmversuchen, durch Schakale und Strandwölfe auf Beutezug, durch das Drängeln und Schieben in der Kolonie, das zu Quetschungen und inneren Verletzungen führt – der häufigsten Todesursache der Jungtiere.

Nur wenige Kilometer südlich des Eingangstores zum Skelettküstenpark, am Ugab Rivier, weist die Beschilderung *»Winston«* zu einem der Wracks, das als intaktes Schiff aufgelaufen ist und nun von der Natur und von Kap-Kormoranen erobert wird. Innerhalb des Parks wird das Flußbett des *Ugab* durchquert, der nur selten Wasser führt, aber zusammen mit den anderen nach Westen verlaufenden Trockenflüssen als Oasen-Linie mit reicher Fauna fungiert. Vom Ugab führt die Straße parallel zur Küste weiter nach Norden. Die Monotonie der weiten Schotterlandschaft wird durch einen grünlichen Schimmer aufgelockert, der von den Flechten herrührt, die als Symbiose aus Algen und Schwämmen, wie es sie nur in Küstennähe gibt, die Steine überziehen. Am Morgen, wenn sie sich entfalten, um neblige Feuchtigkeit aufzunehmen, sind ihre Farben von Tieforange über mehrere Grünschattierungen bis zu dumpfem Schwarz am intensivsten. Bei zunehmender Wärme erinnern sie an tote Materie. Nördlich des Huab-Flusses treten die sogenannten Barchan-Dünen ins Blickfeld, an denen die Kräfte des Südwestwinds unaufhörlich ihre gestalterische Arbeit vollziehen. Einige Kilometer weiter taucht das Wrack des Fischkutters *Atlantic Pride* auf, dahinter erhebt sich das eigenartige Gerüst eines Ölbohrturms, in dessen verrostetem Gestänge gleichfalls eine Kolonie von Kap-Kormoranen nistet. Gelegentlich entdeckt man Schakale auf Beutesuche. Mit etwas Glück sieht man Gemsböcke und Oryxantilopen, mit viel Glück durch Trockenflüsse wandernde Löwen, die vom Aussterben bedrohten Schwarzen Nashörner oder einen der legendären Wüstenelefanten. Am Strand ist gelegentlich die aasfressende Ghost Crab (Geisterkrabbe) zu sehen, in den Dünen der weiße Namibkäfer.

Torra Bay hat einen Campingplatz mit einfachen Sanitäranlagen und einem kleinen Laden, der aber nur in der Feriensaison (Dez. und Jan.) bewirtschaftet ist. Es gibt eine Tankstelle, aber kein Restaurant, pro Zelt- und Wohnwagenplatz werden *10 N$* verlangt (max. acht Personen). *Terrace Bay*, eine verlassene Bergbausiedlung, bietet ganzjährig Unterkunft mit Vollpension in komfortablen Bungalows mit Badezimmern. Das EZ kostet *180 N$*, das DZ *300 N$*, Kinder unter sechs Jahren zahlen *40 N$*. Haustiere dürfen nicht mitgeführt werden. Angeln ist nur an den dafür markierten Strandabschnitten erlaubt. Campen in freier Wildbahn ist verboten, ebenso das Verlassen der gekennzeichneten Wege. Terrace Bay besitzt einen Laden für Lebensmittel und nützliche Kleinigkeiten (Köder für den Fischfang), einen Landeplatz, eine Tankstelle und ein einfaches Restaurant mit Bar. Weil vom Wasser her meist kühler Wind weht und es morgens und abends neblig ist, sollte man Windjacke oder Pullover und möglichst Stiefel dabeihaben. Nützlich sind tagsüber eine Kopfbedeckung und ein Sonnenschutzmittel. (Buchungen: *Director of Tourism, s. Auskunft)* Kleine Gruppen werden vom Unternehmen *Skeleton Coast Fly-in Safaris (P. O. Box 2195, Windhoek, Tel. 061/ 22 42 48, Fax 22 57 13)* zu Tagesausflügen an die Wüstenküste gebracht.

Im Gebiet der Spitzkoppe lohnt die Suche nach Mineralien

Spitzkoppe **(C 5)**
Auf der Straße nach Windhoek muß man kurz vor Usakos links auf die Piste 1918 in Richtung Hentiesbaai abbiegen, um bald schon das »Matterhorn« Afrikas zu sehen. Die Große Spitzkoppe leuchtet als Inselberg aus Granit, 1829 m hoch, in rosafarbenem Schimmer. Die rundlichen Verwitterungsformen geben den Gesteinsmassen etwas Entrücktes, im Sonnenlicht nach einem kurzen Regenguß glitzern und funkeln die Skelette ehemaliger Vulkane. Für die Ureinwohner des Landes waren die Wasserstellen ein sicherer Zufluchtsort vor der harten Natur. Sie haben Felsmalereien und Steinwerkzeuge aus der Mittleren Steinzeit hinterlassen. Gewaltige Vulkanausbrüche schleuderten Unmengen Lava empor, die erstarrte. Jahr für Jahr wurden die Flächen um die Granitkerne durch Erosion entblößt. Akazien säumen die Ufer der trockenen Flußbetten *(Riviere),* die die wellige Landschaft durchqueren. Das dichte Laub des Sumachgewächses *Ozora crassinervia* am Fuß der nackten Granitfelsen verleiht den Gesteinspartien Fülle und Anmut. In den Wintermonaten Juni und Juli lodern gelbe Aloen. Mineraliensucher werden hier fast immer fündig, vor allem bei Topasen.

Wo man sich den Farben hingeben kann

Flamingos am blauen Himmel, rote Dünenfelder in der Wüste

Die Namib-Wüste zählt zu den trockensten Gebieten der Erde. Tonnen von Sand werden unaufhörlich umgewälzt. Wirbelstürme bringen sandige Massen zum Kreiseln – ein Ringelreihen von Milliarden von Staubpartikeln und Sandkörnern. Dazwischen die Farben der Wüste, bizarr hauptsächlich dort, wo Schatten lagern, von dunkelstem Braun bis zu grellstem Gelb. Darüber das Spiel der Wolken, die ganze Dünen beschatten, als nähmen sie sie in ihre Obhut. *Stay on the road*, mahnt hin und wieder ein Schild am Straßenrand. Fahrzeuge ziehen kilometerlange Staubfahnen hinter sich her. Die Straße fädelt sich durch die Wüste wie ein Reißverschluß durch den Stoff. Es gibt lange nichts zu sehen außer entgegenkommenden Fahrzeugen, manchmal eine eigenbrötlerische Oryxantilope, die sogar über die Dünen zieht, vielleicht noch eine vibrierende Straußenfiguration in flimmernder Ferne. Bis plötzlich ein halbverdorrter Baum mitten im Sand um sein Überleben kämpft, der gnadenlosen Sonne ausgeliefert. Bis zu 700 Jahre alt sind diese Kameldornbäume, ihr hartes Holz fühlt sich wie Stein an und ist keiner Verwitterung ausgesetzt. Die Wüste lebt.

Oryxantilope auf einsamem Streifzug durch die weiten Dünenfelder der Namib

NAMIB NAUKLUFT PARK

(**B–C 8–10**) Massentourismus wird es im größten Nationalpark des Landes (49 000 qkm) nie geben. Der Naturschutzpark ist ein Land für Besucher, die sich an Einsamkeit und Weite laben. Rote Dünen, gelbe Flächen, spärliche grüne Grasbüschel, aber auch Felsen und Canyons. Es gibt sogar einen Fluß von stattlicher Breite, den Kuiseb, der sich durch die Wüste zieht. Allerdings ist sein Bett fast immer ausgetrocknet, er besitzt keine richtige Mündung, sondern sickert in unterirdischen Rinnsalen unter den Dünen hindurch in den Ozean –

MARCO POLO TIPS FÜR DIE NAMIB-WÜSTE UND WALVIS BAY

1 Sossusvlei
Rote Dünen, grüne Oasen – ein Wüstenkleinod, das niemand mehr vergißt (Seite 73)

2 Pelican Point
Flamingos stelzen gravitätisch durch die Lagune – in Massen (Seite 74)

nur etwa ein Dutzend Male im Jahrhundert. In Dürrezeiten, also fast immer, bleibt der mächtige Wasserlauf im Sand stecken, der Reisende bekommt ihn nur als blaue Linie auf der Landkarte zu sehen. Wer die unfaßbar schönen Canyons vor allem im mittleren Bereich des Parks genauer erkunden will, braucht ein allradgetriebenes Fahrzeug und sollte ein guter Fahrer sein. Er gelangt auf schmale Grate und auf Plateaus mit Ausblick in wirre Schluchten, auf abschüssige Paßstraßen und durch endlos erscheinende sandig-steinige Gebiete, was seinem Fahrvermögen viel abverlangt. Der Landstrich ist zerrissen von dunklen Schründen und erschreckenden Klüften, eine rauhe Natur. Wer dem Abenteuer weniger zugetan ist und nicht stundenlang auf einer Straße fahren möchte, die sich erst zwischen weiten Horizonten und dann im Nirgendwo verliert, sollte sich einer geführten Tour anschließen. So oder so muß man großes Glück haben, um das Seltsamste zu erleben: das Wunder des Regens. Es gibt sogar Gewitter in der Wüste. Die prasselnden Wassermassen verzaubern die Landschaft innerhalb von wenigen Stunden: Die vertrockneten Buschtee-Besen zwischen den Steinen richten sich auf, im Schatten der Felsen werden zarte Blätterrispen entfaltet, ein hauchfeiner Grasflor, golden im Abendlicht, kriecht über die verdorrte Landschaft. Nirgendwo zeigt sich die Kraft des Lebens stärker als im scheinbar Leblosen. Das ist unbedingt eine Erfahrung wert. (Für alle Wege im Park sind *Zugangsscheine* erforderlich, mit Ausnahme der Straßen C 14, C28, 1982 und 1998. *8 N$, Kinder 4 N$, Pkw 8 N$, Minibus 10 N$.*)

ZIELE IN DER UMGEBUNG

Naukluft-Gebirge (B–C 9)
Schluchten führen wie überdimensionierte Treppen in das Innere des ca. 1900 m hohen Gebirges, das etwa so groß ist wie der Harz. Die ausgedehnten, grasbewachsenen Hochflächen waren das Rückzugsgebiet für den Nama-Stamm und ihren heldenhaften Häuptling Hendrik Witbooi, der nicht bereit war, mit der deutschen Kolonialherrschaft Schutzverträge abzuschließen. Im *Naukluft Camp* (Kategorie 3) kann man bis zu drei Tage in einfachen Schutzhütten übernachten. 32 Betten, Feuerholz und

Wasser müssen mitgebracht werden. *Buchungen über Director of Tourism, siehe Auskunft*

Sossusvlei **(C 9)**
Am Eingang zum Trockenflußgebiet Sossusvlei liegt die bis zu 50 m tiefe *Sesriem-Schlucht.* Das Besondere: In dem Canyon gibt es Wasser, in der Trockenzeit nur schlammige Pfützen, nach der Regenperiode aber kann man zwischen den Felsen herumschwimmen. ★ Das Naturschutzgebiet Sossusvlei mit den roten Dünen, zwischen die das grüne Band der Flußoase des Tsauchab gesprenkelt ist, präsentiert sich als ein sensationelles Wüstenkleinod. Die kompakten Sandfelder der bis zu 300 m hohen Dünen sind allein vom Wind geformt worden. Man vermutet darunter ältere, in früheren Feuchtperioden erstarrte Dünenfelder, die erst in den letzten 30 000 Jahren mit frischem Sand beweht wurden und dadurch gewachsen sind. Ihre Kammrichtung verläuft von Süd nach Nord, den vorherrschenden Winden entsprechend. Ihre vielfältig rote Schattierung kommt durch das eingemischte Granatgestein der nahen Naukluft-Berge zustande, das in langwierigen Prozessen abgerieben und verweht wurde. Der Weg zur Senke Sossusvlei ist das Flußbett des Tsauchab, der vor Jahrtausenden – man vermutet vor etwa 60 000 Jahren – seinen Lauf verlor. *Sossus* heißt blinder Fluß in der Nama-Sprache. Ganz selten noch, wenn ein sintflutartiger Regen über der Wüste niedergeht, füllt sich das Flußbett kurzzeitig mit Wasser. Doch auch ausgetrocknet fungiert der Fluß als Lebensspender: Das Wasser ist unter einer trockenen Kruste gespeichert. So ist der Wasserlauf auszumachen. Überall, wo sich Kameldornbäume reihen, ist der Tsauchab unterirdisch zugange. Der linear verlaufenden Oase verdankt Sossusvlei seine Attraktion. Der blinde Fluß sorgt für ein Farbenspiel, das zum Farbenrausch werden kann in dieser menschenfeindlichen Region. Man sollte hier und da innehalten, das in langen Schwüngen hingeschmeichelte Dünenmeer bis zum Horizont betrachten und sich vorstellen, daß dieser Ozean aus Sand mit scharfen Zähnen über Pisten und trocken liegende Flußbetten hinweg alles, was einem anderen Element als dem des Sandes zugehörig ist, an sich gerafft hat. Man sollte auch – wie die alten Siedler – einmal eine Stunde im Schatten eines Kameldornbaums gehockt haben, auf dem zusammengebackenen Boden aus weißen Salzkristallen, und die unbeschreibliche Eleganz der fragilen Dünenformen einsaugen. Vielleicht ist der 200 oder 300 Jahre alte Baum Gastgeber für eine Siedelweber-*community*, kleine Vögel, die in mühsamer gemeinsamer Arbeit zwischen die Äste einen Bau gesetzt haben, der an verschiedenen Stellen Ein- und Ausgänge besitzt. Reges Leben zwischen wie aus Eisentauen gedrehten grauen Ästen.

Die *Sossusvlei Karos Lodge* (mit Kneipe und Restaurant) bietet Luxus im Höhlenstil. Abends sitzt man unterm Kameldornbaum, nachts scharrt schon mal eine Oryxantilope vor einem der Steinbungalows mit Zeltdach herum. Strom wird ausschließlich durch Solarenergie erzeugt. Auf einem Turm steht ein Teleskop,

Flamingos erfüllen die Luft mit lebhaften Farben

doch ob man durch das feine Gerät oder mit bloßem Auge ringsumher schaut – man hat immer das Gefühl, irgendwo im Weltall gelandet zu sein. 45 Bungalows. *Buchungen über P. O. Box 6900, Windhoek, Tel. 061/22 54 30 oder Contact Karos Central South Africa, Tel. 011/484 16 41, Kategorie 1*

Ganz neu ist die *Kulala Desert Lodge,* 17 km von Sesriem entfernt, mit Landebahn für Kleinflugzeuge. 12 Bungalows mit 24 Betten. Reservierung über *P. O. Box 6784, Windhoek, Tel. 061/22 19 94, Fax 22 25 74, Kategorie 1–2*

WALVIS BAY

(**B 6**) Walvis Bay ist eine Gartenstadt am Meer, ohne Hinterland, am Rande der Wüste. Vor allem Vögel fühlen sich hier zu Hause. Die zweitgrößte Stadt Namibias (36 000 Ew.) ist ganz anders geprägt als die anderen Städte; bis 1994 gehörte sie zu Südafrika. *Very british,* fällt einem gleich bei der Einfahrt ein. Die schachbrettartig angelegte Stadt mit ihren breiten Straßen und properen Häusern am Atlantik hat Touristen aber nicht viel zu bieten; die meisten berühren sie ohnehin nur auf der Durchreise. Für den Staat Namibia ist der einzige Tiefseewasserhafen an der südwestafrikanischen Küste von großer Bedeutung: Fast 90 Prozent des Außenhandels werden hier abgefertigt.

BESICHTIGUNGEN

Bird Island

Die künstliche Guano-Insel ruht auf tausend eisernen Pfählen und ist 17 000 qm groß. Die hölzerne Plattform dient Seevögeln, vor allem Pelikanen und Kormoranen, als Nistplatz. Bis zu tausend Tonnen Kot hinterlassen sie in einem Jahr. Nach der Brutzeit wird er im Februar abgebaut und als Dünger ins Ausland verkauft.

Pelican Point

★ Der Nährstoffreichtum des Wassers in der Lagune zieht alle möglichen Zugvögel an, hauptsächlich Flamingos. In Trockenzeiten sind es bis zu 40 000. An der äußersten Lagunenspitze, dem Pelican Point, sind sie besonders gut zu beobachten. Es werden auch Bootsfahrten zur Spitze der Nehrung angeboten.

RESTAURANTS/CAFÉ

W. Probst Bakery
Deutsche Hausmannskost, Vollkornbrötchen und Torten im Café-Restaurant. *9 Str. 148, Tel. 064/20 27 44, tgl. 8.30–20 Uhr, Kategorie 2–3*

The Raft
Essen auf Stelzen in einem neugebauten Haus am Meer an der Esplanade. *Tgl. 064/20 48 77, tgl. 12–23 Uhr, Kategorie 1–2*

The Waterfront Express
Zwischen Swakopmund und Walvis Bay stehen an der Hauptstraße und direkt am Strand drei alte Eisenbahnwaggons, in denen es ausgezeichnete Calamares, aber auch guten Fisch zu sehr günstigen Preisen gibt. *Off Longbeach P.O.Box 525, Tel. 06420/70 09, tgl. 12–22 Uhr, Kategorie 2*

HOTELS

Atlantic
18 praktisch eingerichtete Zimmer mit Meeresblick. *P. O. Box 46, Tel. 064/20 22 11, Fax 20 50 63, Kategorie 2*

Lagoon Chalets
Moderne Bungalow-Anlage in Atlantiknähe. Wer immer schon einmal fischen lernen wollte, kann das hier. Vor dem Restaurant wird abends gegrillt. *P. O. Box 2318, Tel. 064/20 71 51, Fax 20 74 69, Kategorie 2*

Longholm Guesthouse
Ein neu eröffnetes, modernes Gästehaus mit vielen Annehmlichkeiten in der Hafengegend. *28 Zi., Tel. 064/20 92 30/1, Kategorie 2*

AUTOVERMIETUNG

(Auswahl) *Avis Rent-a-Car, Rooikop Flughafen, Tel. 064/20 75 27; Bonanza Car & 4 x 4 Hire, Cash Service Station, 13. Straße, Tel./Fax 064/20 59 36*

AKTIVITÄTEN

Safari
Charly's Desert Tours: Mit Führer und Allrad-Fahrzeugen in die Namib-Wüste, nach Sesriem und Sossusvlei. *P. O. Box 1400, Kaiser-Wilhelm-Str. 11, Swakopmund, Tel. 064/40 43 41, Fax 40 48 21*

Gloriosa Safaris: Das Unternehmen unter deutscher Leitung organisiert ebenfalls Ausflugstouren, *P. O. Box 212, Walvis Bay 9190, Tel. 064/20 24 55*

Namib Pappot Safaris: Im Geländewagen durch den Namib Naukluft Park. Übernachtet wird in einfachen Hütten, in Zelten oder unter freiem Himmel. *P. O. Box 130, Maltahöhe, Tel. 06632/42, Fax 180. Oder P. O. Box 2125, Keetmanshoop, Tel. 0631/20 95*

Windsurfen/Segeln
Alan Louw, 6th Street No. 2, Walvis Bay, Tel. 064/20 26 20

ZIEL IN DER UMGEBUNG

Tour mit Guide
Eine Seltenheit: Ganz individuelle Reiseorganisation (Quartierbeschaffung, Rundreisen mit und ohne Führer etc.) im Küstenbereich und in ganz Namibia bietet *Inshore-Safaris.* Man ist bemüht, unter den Preisen der großen Reiseveranstalter zu bleiben. *Inshore-Safaris, Chris de Villiers, 12th Road, P. O. Box 652, Walvis Bay, Tel. 064/20 26 09, Fax 20 21 98*

»Diamonds are a girl's best friends«

Ein Amphitheater am Meer und eine Geisterstadt im Sand

Marilyn Monroe sang einst ein Loblied auf die wertvollen Steinchen. Ob sie wußte, daß mancher Klunker, der ihr von Verehrern vermacht wurde, aus dem unwirtlichen Südnamibia stammte? Von dort, wo es heiß ist und menschenleer, die Landschaft abenteuerlich schroff und der Wind vom Meer her ohne Unterlaß stürmt, so daß Haare und Kleider ständig voller Sand sind. Und wo mitten zwischen nackten, windumtosten Felsen, umgeben von Hunderten Kilometer Verlassenheit, ein biederes Städtchen nistet. Adolf Lüderitz war einer der ersten Europäer, der sich auf das Wagnis dieser widersprüchlichen Landschaft einließ. Als der Bremer Kaufmann, geschäftstüchtig und von ausgeprägter imperialistischer Leidenschaft erfüllt, 1883 in der Bucht Angra Pequena, der heutigen Lüderitzbucht, auftauchte, handelten er und sein Unterhändler Vogelsang dem Nama-Häuptling Fredericks einen 150 km breiten Landstreifen vom Oranje bis zum 26. Breitengrad ab – für 100 Pfund in Gold und 200 Gewehre samt Zubehör. Ein Schnäppchen, an dem sich der Kaufmann nicht lange erfreuen konnte: 1886 ertrank er bei einer Schiffsreise von Oranjemund nach Lüderitzbucht. 1908, während des Baus der Bahn, die das 330 km entfernte Keetmanshoop im Hinterland mit dem derangierten Küstenstreifen verbinden sollte, erlebte die Region einen unerwarteten Aufschwung. Noch bevor die Schmalspurbahn am 21. Juli eingeweiht wurde, feierte Bahnmeister August Stauch sein Glück: Er war Millionär gewor-

Wie mit Seidenpapier umhüllt: Köcherbäume im Sonnenuntergang

Diamanten

Diamanten gibt es in allen Farben, auch in Schwarz. Manche sind transparent, andere nur teilweise durchsichtig. In den einen oder anderen sind Kristalle eingewachsen; das kubische Kristallsystem ist meistens gut zu erkennen. Diamanten besitzen eine hohe Lichtbrechung. Farblose wie schönfarbige Rohsteine werden zu Schmucksteinen verschliffen.

MARCO POLO TIPS FÜR SÜDNAMIBIA, KEETMANSHOOP UND LÜDERITZ

1 Fish River Canyon
Blick in den Bauch der Mutter Erde (Seite 80)

2 Köcherbaumwald
Kandelaberbäume im Sonnenuntergang (Seite 81)

den. Im Bereich der Haltestelle mit dem unerklärlichen Namen Grasplatz kontrollierte er einen Streckenabschnitt, der häufig von Sanddünen verweht wurde. Trupps von Einheimischen schaufelten, wobei der schwarze Bahnarbeiter Zacharias Lewala 15 km östlich von Lüderitz einen blinkenden Stein aus dem Staub klaubte. Er brachte ihn Stauch, der ihn heimlich auf seinen Diamantengehalt untersuchen ließ und sich dann das Schürfrecht für ein 75 qkm großes Gebiet sicherte. Der Diamantenrausch brach aus, die Desperados fielen in Heerscharen in die Wüste ein. 20 000 Menschen krochen durch den Sand. Nachdem es Stauch gelungen war, Kapital für eine Aktiengesellschaft in Deutschland lockerzumachen, wurde die Diamantensuche industriell betrieben, bewacht von weißen Aufsehern mit Peitsche und Pistole. Steil erhebt sich von der wildzerklüfteten Küste das Land aus dem Meer. Granit und Schiefer, nur an wenigen Stellen sandbedeckt, zeichnen große Teile des Landschaftsbildes im Küstenstreifen. Der anschließende Landstreifen ist 40 km breit und geprägt von den gleitenden Linien der Treibsanddünen. 50 km von der Küste entfernt, liegt das Land schon 700 m über dem Meeresspiegel. Dort beginnt die öde Stein- und Geröllwüste, die nach 80 km an der Randstufe des 1500 m hohen zentralen Hochplateaus in Grassteppe übergeht. Der Süden – ein Schauspiel von Fels und Sand, Bergketten und grenzenloser Weite, Himmel und Sonne, tobender Brandung und dröhnender Stille.

KEETMANSHOOP

(**D 10**) Die Distrikthauptstadt (14 000 Ew.) ist Verkehrsknotenpunkt für den südlichen Landesteil. Die wichtigsten Einnahmequellen sind Supermärkte und Tankstellen. Ein Gebäude mit viel Geschichte ist die *Granit-Kirche* der Rheinischen Mission, 1895 erbaut. Sie bot tausend Menschen Platz, nach dem Zweiten Weltkrieg verfiel sie, durch Privatinitiative wurde sie saniert und zum *Museum (Mo–Fr 7.30 bis 12.30 und 13.30–16.30 Uhr)* umgebaut. Das Wellblechdach ist noch original, der Kirchturm besteht aus Natursteinen, die ab der oberen Außenseite ohne Mörtel aufeinandergesetzt wurden. Auch die Empore und die liebevoll gearbeitete Kanzel sind sehenswert. Im musealen Teil sind hauptsächlich Devotionalien aus der Besiedlungsepoche zu besichtigen, die einen guten Überblick über die Mühen der Kolonisierung geben. Diese wurde vorangetrieben, weil der Elberfelder Kaufmann Johann Keetman sie als Präses der Rheinischen Mission finanziell unterstützte; nach ihm wurde die Stadt benannt.

HOTELS

Canyon Hotel
Größte Herberge am Ort, ein moderner Bau mit Restaurant und Pool, behindertengerecht. *52 Zi., Warmbäderstraße, P.O.Box 950, Tel. 0631/233 61 und 233 62, Fax 237 14, Kategorie 2*

Travel Inn
Akzeptable Unterkunft, *24 Zi., P. O. Box 141, Tel. 0631/233 44, Fax 221 38, Kategorie 3*

RASTLAGER

Lafenis Natuur- en Ruskamp
10 Rasthütten mit zwei und vier Betten, Restaurant, Schwimmbad und Kiosk in Stadtnähe. *P.O.Box 827, Tel. 0631/243 16, Fax 243 09, Kategorie 3*

Mount Karas Game Lodge
Südöstlich von Keetmanshoop, in den steinigen Ausläufern der Großen Karasberge. Auf dem Farmgelände leben seltene Bergzebras, in den Wasserlöchern Welse. Zu bewundern ist eine Felszeichnung: ein 95 cm großer weißer Elefant. 8 Rasthäuser mit 1–4 Betten. *P.O.Box 691, Tel. 06352/32 12, Kategorie 3*

Quivertree Forest Rest Camp
Liegt direkt am Köcherbaumwald. 8 Zimmer, für Camper Duschmöglichkeit und Toilette. Ein kleines Restaurant, in dem auch Lunchpakete für Ausfahrten geordert werden können. *P.O.Box 262, Tel. 0638/113 02, Fax 0631/39 63, Kategorie 2–3*

AUSKUNFT

Tourist Information
Im ehemaligen kaiserlichen Postamt, Am Stadtgarten, mit Aussichtsplattform. *Mo–Fr 7.30 bis 12.30 und 14–17, Sa 9–12 Uhr, Private Bag 21 25, Tel. 0631/238 18*

ZIELE IN DER UMGEBUNG

Ai-Ais Hot Springs **(C 11)**
Mit leichtsinniger Selbstvergessenheit türmt der Wind den Flugsand in die Höhe, so daß ein bis zum Horizont reichendes wellenförmiges Landschaftsbild entsteht. Mitten darin die heilenden Quellen von Ai-Ais (was in der Nama-Sprache »siedend heiß« bedeutet). Die Durchschnittstemperatur des Quellwassers liegt bei 60 Grad, seine heilende Kraft wird in Legenden von alters her bezeugt. Das Thermalbad am Südausgang des Fish River Canyon bleibt *Anfang Nov.–Mitte März geschl.* Das Restaurant empfängt auch Tagesbesucher. *(Zwei- und Vier-Bett-Wohnungen und -Hütten, Kategorie 3; Reservierungen: Director of Nature Conservation and Recreation Resorts, P.O.Box 13267, Windhoek, Tel. 061/2369 75, Fax 22 49 00)*

Aus **(C 10)**
Gelegentlich sind in der Landschaft Wildpferde zu sehen. Es soll sich um Trakehner handeln, die vor dem Ersten Weltkrieg als Pferde der deutschen Schutz-

truppe aus Europa eingeführt wurden. Die Nachfahren von Zuchttieren verwilderten nach dem überstürzten Abzug der Deutschen. Der Ort Aus selbst ist nur eine locker bebaute Siedlung, die zumeist wegen der Tankstelle oder zum Auffüllen der Vorräte angefahren wird. Die Bahnstation hat ein *Bahnhof Hotel (10 Zi., 6 mit Bad. P.O.Box 27, Tel. 06332/82, Kategorie 3)*, das bekannt ist wegen der guten Küche der Burenköchin. Etwas außerhalb der Stadt liegen die Ruinen des *Kriegsgefangenenlagers*, in dem 1915–19 Angehörige der deutschen Schutztruppe von Südafrikanern gefangengehalten wurden. Das Gesteinskonglomerat ist in den Rang eines *National Monument* gerückt. Gelobt wird bis heute die gute Moral der Gefangenen, die unter schwierigen klimatischen Bedingungen Hütten aus ungebrannten Ziegeln bauten, Gemüsebeete und einen Sportplatz anlegten.

Fish River Canyon (Fischfluß-Cañon) (C–D 10–11)

★ Menschenleer, ohne Fußspuren, schön und grausam zugleich – und 161 km lang. Das größte Naturwunder Afrikas hat viel gemeinsam mit dem Grand Canyon Nordamerikas. Es ist fast ebenso groß, gewaltig und erhaben, eines der bizarrsten Gebilde der Erdkruste. Bis zu 549 m tief hat sich der Fish River in die Gesteinsschichten eingegraben. Vor allem in den Morgenstunden und am späten Nachmittag läßt sich ein

Der Fish River Canyon – ein geologisches Museum

sinnbetörendes Farbenspektrum genießen. Klippspringer, kleiner Klippschliefer und Pavian sind hier zu Hause, auch die Kudu-Antilope, das scheue Hartmannsche Bergzebra und der Leopard; letzteren bekommt man nur ganz selten zu sehen. Zur Vogelwelt gehören über 60 verschiedene Arten, die Felswannen sind reiche Fischgründe, solange sie nicht ausgetrocknet sind. 27 Ausgrabungsstätten haben nachgewiesen, daß in dieser Oase inmitten der Wüstenei Menschen schon vor 50 000 Jahren, im frühen Steinzeitalter, Schutz suchten, zumeist an Flußkrümmungen. Vom Hauptaussichtspunkt aus ist einer der besonders interessanten Teile zu besichtigen, die Höllenkurve *(Hell Bend):* das klassische Beispiel eines gewundenen, sehr früh entstandenen Laufes. Die verschiedenen geologischen Formationen sind deutlich zu unterscheiden: Sandstein, Tonschiefer und Lavaablagerungen, die bis zu 1800 Jahrmillionen alt sind; Kalk, Kies und Sandstein in bis zu zehn Meter dicken Schichten. Vor 500 Millionen Jahren zersplitterte die Kruste in Nord-Süd-Richtung – so entstand die Schlucht, vertieft durch weitere Risse. Der Fischfluß ist der längste Strom Namibias, nach 800 km fließt er in den Oranje. Während der ersten 100 km verläuft der Fluß fast horizontal, südlich von Seeheim sinkt das Flußbett plötzlich ab, Wasserfälle sind die Folge. Zwischen Mai und Sept., im südwestafrikanischen Winter, kann man eine Teilstrecke des Canyons durchwandern. Im Sommer, wenn die Gluthitze tödlich wird, ist der Abstieg verboten. Die Wandertouren sind geführt, aber auch individuell möglich *(Gondwana Tours Namibia, P.O.Box 690, Keetmanshoop, Tel. und Fax 0631/ 238 92).* Wer am Canyon rasten will, fährt den modernen Hobas-Lagerplatz an, von wo aus Tageswandertouren in die Schluchten unternommen werden können *(Buchung: Namibia Tourism, s. Auskunft).* Auch Tagesbesucher müssen im Büro ihren Erlaubnisschein holen. Unterkunft im *Canyon Nature Park* in 7 Zweibettzimmern *(Anmeldung: Lodge and Guest Farm Reservations, P. O. Box 217 83, Windhoek, Tel. 061/22 69 79, Fax 22 69 99, Kategorie 2–3).*

Giants' Playground (D 10)

Das Geröllfeld nahe der Stadt wirkt unaufgeräumt, als hätten tatsächlich Riesen Steinquader wie Bauklötze übereinandergeschichtet und das Gelände dann fluchtartig verlassen. Manche Führer machen hier eine Riesenmusik, indem sie mit kleinen Steinen auf den großen Quadern herumtrommeln. Jeder Stein ist ein gewaltiger Resonanzkörper. In Wirklichkeit war die Erosion der Gestalter dieser seltsamen Felsenwelt.

Köcherbaumwald (Kokerboomwoud) (D 10)

★ 23 km nordöstlich Keetmanshoops gibt es ein kleines, aber besonders feines Naturschutzgebiet. Zwischen dunkelroten Basaltblöcken verstreut, strecken rund 250 der seltenen *Aloe dichotoma* ihre filigranen Äste gen Himmel. Die Köcherbäume, die an Kandelaber erinnern, ihre Stämme wie aus Seidenpapier, gibt es nur in Namibia und der nördlichen Kapprovinz, sie stehen unter Naturschutz. Durch

Giants' Playground: das Werk von Riesen oder von Erosion?

ihre Maserung erwecken sie den Eindruck, mit einer abblätternden Folie umhüllt zu sein, die bei Sonnenuntergang golden leuchtet. Ihren Namen erhielt die bis zu zehn Meter hohe Sukkulente, weil die Buschleute aus ihren Ästen Köcher für ihre Pfeile herstellten. Das Innere der Bäume läßt sich leicht aushöhlen. Sie sind 200 bis 300 Jahre alt und tun dem Auge besonders gut, wenn es sie vor dem glutroten Sonnenuntergangshimmel betrachten darf (im Sommer um 19.15, im Winter um 17.45 Uhr).

LÜDERITZ

(**B 10**) Unglaublich: Eine Jugendstilorgie am Ende der Welt! Ein so typisch deutsches Städtchen (10 000 Ew.) wird man selbst in Deutschland vergeblich suchen. Das Stadtbild entstand zwischen 1908 und 1914 und ist authentisch erhalten. Eine merkwürdige, melancholisch anmutende Stimmung liegt über den sanddurchwehten Straßen und sandgepuderten, aber gepflegten Häusern. Wer spätabends durch die Straßen streift, wird schnell von einer erst romantisch, dann unheimlich anmutenden Einsamkeit eingeholt. In Lüderitz werden die Bürgersteige zeitig »hochgeklappt«, in den paar Restaurants und Kneipen ist nicht viel los, aber über der Stadt steht bei Dunkelheit verläßlich das Kreuz des Südens. Es leuchtet auch über den *townships* der Schwarzen, Benguela und Nautilus, die der Stadt vorgelagert sind. Die Arbeitslosigkeit ist besonders hoch, die Hoffnung richtet sich auf die Japaner und ihr Interesse an Langusten sowie auf die deutschen Touristen. Nur Fischfang und Fremdenverkehr können Arbeitsplätze schaffen. Wer investiert sonst am Ende der Welt, 850 km von Windhoek entfernt?

BESICHTIGUNGEN

Innenstadt-Rundgang

Europäer finden sich in der Innenstadt sofort zurecht; sie ist immer noch ein Abbild der deutschen Kaiserzeit, mit Gründerzeitarchitektur, überladener Jugendstilornamentik und deutschen Straßennamen. Die *Lutherische Felsenkirche* entstand 1912, ihre Fensterbilder sind bleiverglast *(geöffnet Mo–Sa 18 Uhr, ansonsten Mr. Schröder anrufen: Tel. 06331/2381)*. Das *Goerke-Haus* von 1909 (heute für Empfänge genutzt) präsentiert an seiner Fassade mehrere Architekturstile, innen aber reinen Jugendstil. Interessant ist vor allem die Ornamentik mit den Pflanzenformen und den Flamingos auf den Buntglas-Fensterscheiben, an der Außenhülle imponieren die romanischen Bögen über dem Treppenaufgang, der griechisch-dorische Säulenkopf und die gotischen Turmspitzen ähnelnden Geländerpfosten am Treppenaufgang. Die Zimmer sind mit deutscher Eiche ausgestattet, per Schiff herangeholt, mit Friesen an den Wänden, Jugendstillampen und einem wunderschönen Originalfußboden aus importiertem Kiefernholz *(Mo–Fr 14–15, Sa 12–13 Uhr)*. Das *Bahnhofsgebäude* wurde ebenfalls (1913/1914) im Jugendstil erbaut. Die Bauten der Gründerstadt in ihrer dekorativen Beschaulichkeit wirken deshalb so anheimelnd und fremdartig zugleich, weil sich weit und breit zwischen Namib und Meer so etwas nicht ein zweites Mal begehen läßt. Diese Exklusivität ist nicht zu überbieten. Lüderitz ist ein natürliches granitenes Amphitheater mit Erkern, Fachwerkgiebeln, Veranden, Türmen und Bogenfenstern – ein Wilhelminischer Stilimport in die Wüste. Die nächste Ortschaft liegt 130 km entfernt.

Ein guter *Rundblick* über die Stadt in ihrer Hanglage und den Hafen bietet sich von der *Felsenkirche* und erhöhten Straßen. Zum Rundgang gehört auch die Besichtigung von *Woermann-*, *Kreplin-* und *Metje-Haus,* von *Rathaus, Turnhalle* (heute Bibliothek) und *Kapps Konzert- und Ballsaal.*

MUSEUM

Historisches Museum

Dokumentiert ist die frühe Geschichte des Gebiets, gezeigt werden Steine aus den Diamantenminen, dargestellt sind die Besonderheiten der Namib-Wüste und des Atlantiks, und ein klein wenig lobt sich die so lange vergessene Stadt selbst. Das ist anrührend. Attraktion ist das Skelett eines etwa 55 Jahre alten Mannes, der zwischen 950 und 1070 n. Chr. gelebt hat und durch einen Schlag auf den Hinterkopf getötet wurde. Sein Grab wurde 1926 in der Nähe einer großen Lagune entdeckt. *Diaz Street, Mo–Fr 16.30–18, zwischen März bis Sept. 15.30–17 Uhr, 3 N$, Kinder 1,50 N$.* Extraführungen außerhalb dieser Zeiten können angemeldet werden über *Tel. 06331/ 25 82 oder 23 12 (5 N$)*

RESTAURANTS

Feral's Colt

Ein Western Saloon in treu-deutscher Umgebung. Deftiges Essen, sehr günstig. *Bismarck-Str., Tel. 06331/30 07, Mo geschl., Kategorie 3*

Kapps

Ordentliche deutsche Küche, aber auch Austern, Langusten und Kingklip. *Bay Road, Tel. 06331/29 16, Kategorie 2*

On The Rocks

Ein deutsches Ehepaar serviert Fisch- und Fleischspezialitäten, darunter Hummer, den man hier probiert haben sollte. *Bay Road, Tel. 06331/31 10, Mi. geschl., Kategorie 2*

EINKAUFEN

Karakulteppiche

Im traditionsreichen Geschäft *Krabbenhöft & Lampe* für Karakulerzeugnisse kann die Arbeit in der dahinterliegenden Manufaktur besichtigt werden. Hauptsächlich schwarze Frauen stellen ihre handwerkliche Fertigkeit unter Beweis. Wer einen Teppich kauft, kann ihn über Luft- oder Schiffsfracht nach Europa schicken lassen. Das junge Besitzerehepaar, aus Deutschland zugewandert, erledigt alle nötigen Formalitäten. *Bismarck-Str., Mo–Fr 8–18, Sa 8–13 Uhr*

Lüderitzer Buchhandlung

Für Liebhaber ist die von einem Ehepaar geführte Buchhandlung eine Fundgrube. Neben Literatur in den drei Sprachen des Landes werden auch Souvenirs verkauft, in der Nebenstube trinkt man einen Kaffee. *Bismarck-Str.*

HOTELS

Bay View Hotel

Nicht bombastisch, aber erstes Haus am Platz. Mit Cocktailbar und Swimmingpool. *29 Zi., Diaz Street, P.O.Box 100, Tel. 06331/ 22 88, Fax 24 02, Kategorie 2*

Kapps

Haus mit Turm, innen rustikal, gute Küche. *21 Zi., Bay Road, P.O.Box 100, Tel. 06331/23 45, Fax 24 02, Kategorie 3*

Zum Sperrgebiet

Das kleine Hotel mit alternativem Touch liegt an der Hauptstraße. *10 Zi., Bismarck-Str., P.O. Box 373, Tel. 06331/28 56, Fax 29 76, Kategorie 2–3*

CAMPING/RASTLAGER

Shark Island Campingplatz

Windumtoste Raststätte für Caravan-Reisende und Zelter. Auf der Halbinsel vor der Stadt wurden einst Schwarze von der Kolonialmacht festgehalten. Der Platz hat Waschräume und Gemeinschaftstoiletten, einfacher Standard. Anmeldung im Tourist Office in der *Schinzstr., Tel. 06331/ 27 52, Mo–Fr 8–13 und 14–17, Sa 8–13 Uhr, 40 N$ pro Stellplatz*

Lüderitzbucht Safaris & Tours

Das deutsche Unternehmerehepaar Marion und Günther Schelkle vermietet preisgünstig Häuser, Bungalows, Ferienwohnungen und Zimmer in Privathäusern. Teilweise muß Bettwäsche und Geschirr mitgebracht werden. *P.O.Box 76, Tel. 06331/27 19 und 26 22, Kategorie 3*

Lüderitz Rest Camp
Bungalowanlage am Strand. *Diaz Street, P.O.Box 377, Tel. 06331/ 33 51, Fax 28 69, Kategorie 2–3*

SPORT UND AKTIVITÄTEN

Angelfahrten
Die Angel vor Lüderitz auswerfen und Langusten, Seehechte oder sogar Haie fangen. Angelausrüstung und Köder werden auf dem Boot gestellt, der Kapitän kennt auch die besten Fischgründe. Anorak, Mütze und Sonnenbrille nicht vergessen! *Lüderitzbucht Safaris & Tours, P.O.Box 76, Tel. 06331/27 19 und 26 22*

Baden
Im Stadtgebiet gibt es keinen Strand, nur felsige Küste. Aber nördlich und südlich von Lüderitz sind sehr schöne und breite Strände, die sich auch zum Steinesammeln anbieten. Der schönste ist die Agate Beach im Norden. Das Wasser allerdings ist kühl.

Langustenfang
Die Fangsaison währt vom 1. Nov. bis zum 30. April. Maximal fünf Langusten pro Person dürfen am Tag gefangen werden, pro Auto (auch wenn es mit mehr als vier Personen besetzt ist) 20 Langusten. Die Mindestlänge des Rückenpanzers muß 6,5 cm betragen, Tiere mit weichem Panzer oder mit Gelege müssen sofort wieder ins offene Meer freigelassen werden. Das Fangen rund um Lüderitz ist zwischen Sonnenauf- und -untergang gestattet. Informationen, auch über Veranstalter, die zum Langustenfang und -mahl am Strand einladen, über das *Tourist Office, Ministry of Wildlife, Conservation and Tourism, Schinzstr., Tel. 06331/27 52*

Segeln
Das Weltumsegler-Ehepaar Gaby und Manfred Wedell segelt jeden Morgen, wenn das Wetter es erlaubt, zur Diazspitze und anschließend zur Halifax-Insel, wo die Pinguine brüten. Reservierungen im *Bay View Hotel* oder über *Tel. 06331/29 19.* Einen warmen Pullover nicht vergessen! *(35 N$, Kinder 25 N$)*

AM ABEND

Nur in zwei Kneipen ist etwas los bis Mitternacht, trifft der Zugereiste echte Lüderitzer und ist die Umgangssprache Deutsch: Im Gastronomieteil des Hotels zum Sperrgebiet, *Bismarck-Str.,* und im *Männer-Turnverein, Ringstr., Mo geschl.*

AUSKUNFT

Tourist-Informations-Büro
Neben Informationsbroschüren und Karten gibt es hier auch *permits* für die Sperrgebiete. *Bismarck-Str., im Seawar Building, Mo bis Fr 8.30–10 und 14–15 Uhr.* Außerhalb dieser Zeiten kann man Informationen abrufen über *Tel. 06331/26 04 und 23 70*

ZIELE IN DER UMGEBUNG

Diaz Point **(B 10)**
Das Kreuz erinnert an Bartolomeu Diaz, der als erster Europäer 1487 hier an Land ging. Das ur-

sprüngliche Kreuz wurde zerstört, die Nachbildung stammt aus dem Jahr 1929. Der ⁂ Aussichtspunkt kann sowohl auf dem See- als auch auf dem Landweg erreicht werden. Durchs Fernglas lassen sich Pinguine und Robbenkolonien beobachten.

Sturmvogelbucht **(B 10)**
Auf dem Parkplatz thront ein Walfischschädel, daneben künden die Trümmer einer ehemaligen Walfangstation von früheren Ambitionen. Wer durch die breite, sandige Bucht streift, findet mit Sicherheit den einen oder anderen Achatstein – jedenfalls ist die Wahrscheinlichkeit, fündig zu werden, in Namibia nirgendwo größer.

Kolmanskop **(B 10)**
Zerrieben, zerscheuert, zerborsten. Im Winter stürmt der Südwest mit rund 100 km durch die Namib-Wüste und benutzt die Sandkörner wie Schmirgelpapier. Von der einst reichsten Stadt Afrikas sind nur noch einige Häuser geblieben, teilweise meterhoch gefüllt mit feinem goldgelben Sand. Tante-Emma-Laden, Theater, Turnhalle, Krankenhaus, deutsche Schule, Kino, Eisfabrik, Schlachterei, Villen. Die Wüste hätte sich die Gebäude längst zurückgeholt, wäre die Eigentümerin des verlassenen Städtchens, die CDM (Consolidated Diamond Mines), ihrem Entschluß treu geblieben, Kolmanskop zu räumen. Doch 1980 wurde das touristische Potential der zerfallenen Diamantenstadt erkannt. Seitdem gibt es Nachtwächter und Guides, die wichtigsten Gebäude wurden originalgetreu wiederhergestellt, das heißt ausgegraben, und es läßt sich erahnen, welch unverschämter Wohlstand hier einmal versammelt war. Im Kasino dürfen Touristen auf der original Kegelbahn die Kugel schieben. Zur Einrichtung gehören das mit Eiche getäfelte Foyer, die Bar, der Beamtenspeisesaal, die Bibliothek. Wer kein Kleingeld hatte, bezahlte seine Drinks mit Diamanten. Über 300 europäische Wüstenbewohner trotzten ihrer kargen Umwelt größtmöglichen Luxus ab. Sie hatten eine Schule, einen Theatersaal, das erste Röntgengerät im südlichen Afrika und eine Stangeneisfabrik. Ab 1911 versorgte eine Gasturbinen-Anlage die Siedlung mit Strom, ein Schiff brachte monatlich 1000 Tonnen Frischwasser aus Kapstadt, Entsalzungsanlagen sorgten fürs tägliche Wasser. Damit das weiße Städtchen funktionieren konnte, wurden 800 Ovambo als Dienstleistungsträger angestellt. Sie lebten nicht in Villen, sondern in Baracken. Das Diamantenfieber, das diese koloniale Siedlung hervorbrachte, währte kurz – 1915 übernahmen die Südafrikaner das Gebiet. 1938 schloß die Mine, 1956 verließ der letzte Beamte den Ort. Danach kamen die Wanderdünen. *Führungen finden 9.45, 10.45 Uhr und auf Anfrage statt. Jeden dritten Sa im Monat bleibt das Freilichtmuseum geschlossen. Anmeldungen im Namdep-Büro in der Lüderitzer Diaz Street (Mo–Fr 8–12.30 und 14–16, Sa 8–11.30 Uhr, Tel. 06331/23 31, 10 N$, Kinder 3 N$)*

Sperrgebiet Oranjemund **(B–C 10–11)**
Nur 20 Prozent aller Diamanten landen, fein bearbeitet, beim Ju-

Das Goerke-Haus in Lüderitz, außen eine Mixtur verschiedener Stile, zeigt sich innen im Jugendstil

welier, der Hauptteil kommt als Industriediamanten in Bohr-, Schneid- und Schleifgeräten zum Einsatz, z.B. auch in medizinischen Geräten, wie sie der Zahnarzt benötigt. Neben Rußland und Südafrika ist Namibia größter Schmuck- und Industriediamantenproduzent der Welt. Mit der großen Herrlichkeit war es allerdings vorbei, nachdem 1955 in den USA und Schweden die Diamantsynthese gefunden wurde: Mittlerweile ist die Produktion von synthetischen Diamanten (die für Schmuckzwecke nicht geeignet sind) größer als die Gewinnung natürlicher Diamanten. In den namibischen Minen ist die Produktion rückläufig. Solches und noch mehr Wissenswertes lernt man beim Ausflug in die 360 km lange und 100 km breite *Diamond Area 1*, ein Sperrgebiet, das nur mit Erlaubnis und Führer befahren werden darf. 95 Prozent der Vorkommen sollen abgebaut sein, die Chance, doch noch einen Diamanten zu finden, ist gleich Null.

Das *Sperrgebiet-Museum* verschafft einen guten Überblick über die regionale Naturgeschichte. Besichtigungen müssen angemeldet werden unter *Tel. 06332/21 83.*

Lüderitz Safaris & Tours bietet eine Fahrt durch das wild-romantische Oranjemund-Sperrgebiet und Besichtigung der Diamantenminen (Führung auf deutsch) mit anschließendem Bad im Oranje-Fluß. *P.O.Box 76, Tel. 06331/27 19 und 26 22*

Von Auskunft bis Zoll

Wichtige Adressen und Informationen für Ihre Reise

AUSKUNFT/BUCHUNGEN

Namibia Verkehrsbüro
Im Atzelnest 3, D – 61290 Bad Homburg, Tel. 06172/40 66 50, Fax 40 66 90. Das Verkehrsbüro steht Interessierten von ganz Europa mit Informationen und Broschüren zur Verfügung.

Interessengemeinschaft Deutschsprechender für Namibia
Bismarckstr. 36, P.O.Box 12 08, Windhoek 9000, Tel. 061/23 27 04 Ansprechpartner für Gespräche über Namibia, Berufsmöglichkeiten und soziales Engagement im Land.

Director of Tourism
Private Bag 13267, Windhoek, Tel. 00264/61/23 69 75, Fax 22 49 00 Hier müssen die Anmeldungen für alle staatlichen Rest Camps erfolgen und Erlaubnisscheine *(permits)* angefordert werden.

ASTRONOMIE

Wem es darum geht, die Fixpunkte des südlichen Sternenhimmels genau auszumachen, der findet Hilfe bei der Astronomischen Arbeitsgemeinschaft der *Namibia Wissenschaftlichen Gesellschaft (P.O.Box 67, Windhoek, Tel. 061/22 53 72).*

AUTO

In Namibia herrscht Linksverkehr, die Fahrzeuge sind alle mit Rechtssteuerung ausgestattet. Geschwindigkeitsbegrenzung in Städten 60 km/h, außerhalb von Städten zwischen 90 und 120 km/h, wenn keine anderen Tempolimits angegeben sind. Eine südafrikanische Besonderheit der Verkehrsregelung ist der *4 way stop*: An ampelfreien Kreuzungen gibt es keine Vorfahrtsstraße, die Autofahrer aus allen Richtungen müssen vor der Einfahrt in die Kreuzung das Stoppschild beachten. Das Fahrzeug, das zuerst ankommt, darf zuerst die Kreuzung befahren. Stoppen zwei Fahrzeuge gleichzeitig, müssen die Fahrer sich verständigen. Wenn es regnet, herrscht auf Namibias Straßen sofort der Ausnahmezustand – Vorsicht ist dann besonders angebracht. Vor allem dort, wo der Staubfilm sich mit Feuchtigkeit verbindet und sich auf den Scheiben niederläßt. Bei schwierigen Sichtverhältnissen sollte man die Autoreise unterbrechen, hauptsächlich dann, wenn man sich auf einer Schotterstraße befindet. Der größere Teil des namibischen Straßensystems besteht aus Schotterpisten. Auch bei strahlendem Sonnenschein ist es, eingehüllt in die Staubwolke des vorherfahrenden Fahrzeugs oder im Gegenverkehr, unbedingt ratsam, mit Licht zu fahren. Auf den Überlandstraßen steht vor fast jeder Kurve ein Schild, das den Straßenverlauf anzeigt. Vor allem rechtwinklig ausgeschilderte Kurven sollten langsam angefahren werden. Mitunter werden auf kleineren Straßen Farmgrenzen überquert, die durch Tore *(heks)* gekennzeichnet sind. Die Tore müssen geöffnet und nach dem Durchfahren wieder geschlossen werden. Auf asphaltierten Strecken sind die Tore meist durch Viehroste ersetzt; wegen der Wellenkrümmung des Bodens davor und dahinter ist langsames Fahren zwingend. Bei Pannen und Unfällen ist Nachbarschaftshilfe üblich. Die Hilfsbereitschaft der Namibier in ihrem dünnbesiedelten Land ist groß.

BANKEN

Geldwechsel

Banken gibt es nur in den Städten und größeren Orten wie etwa Maltahöhe. Deshalb empfiehlt es sich, gleich nach der Ankunft in Windhoek genügend N$ zu erwerben. Am schnellsten geht das im Ankunftsgebäude des Flughafens. Es lohnt sich, Bargeld, Reise- oder Eurocheques nur in Namibia zu tauschen, der Kurs ist günstiger. Die Banken haben überwiegend *Mo–Fr 8.30–15.30, Sa 8.30–11.30 Uhr* geöffnet. Wer vor der Rückreise nicht benötigtes namibisches Geld zurücktauschen will, muß eine Wechselquittung vorweisen. N$ dürfen als Noten und Münzen bei der Ein- und Ausreise jeweils bis zum Betrag von 500 N$ mitgeführt werden. Der Wechselkurs steht bei ca. 0,35 DM für einen N$.

Kreditkarten

Hotels und Restaurants, von Touristen besuchte Geschäfte und Autovermieter akzeptieren die gängigen internationalen Kreditkarten.

DIPLOMATISCHE VERTRETUNGEN

Botschaft der Bundesrepublik Deutschland

Windhoek, Sanlamgebäude, 6. Stock, Independence Av. 154, P.O. Box 231, Konsularabteilung, Tel. 061/22 92 17/742, Fax 22 29 81

Österreichisches Generalkonsulat

73 Juta Street, Braamfontein, Johannesburg, Tel. 0027/11/403 18 50, Fax 339 78 02;
662 Hertzog Boulevard, Kapstadt 8001, Tel. 0027/21/21 14 40, Fax 25 34 89

Schweizer Generalkonsulat

21 Cradock Avenue, Johannesburg-Parklands, Tel. 0027/11/442 75 00, Fax 442 78 91

EINREISE

Für österreichische, Schweizer und deutsche Bürger genügt zur Einreise ein Paß, der mindestens noch sechs Monate gültig ist. Kinder bis zu 16 Jahren benötigen entweder einen Kinderausweis oder die Eintragung im Paß der Eltern. Der visafreie Aufenthalt ist für drei Monate erlaubt.

GESUNDHEIT

Die medizinische Versorgung im Land ist recht gut. In den kleineren Orten findet man Krankenhäuser und Erste-Hilfe-Stationen im Telefonbuch unter der Rubrik *Ministry of Health and Social Services.* In Wüstenregionen und auf dem Lande sind Ärzte nicht in leicht erreichbarer Nähe. Es empfiehlt sich, eine kleine Reiseapotheke mit sich zu führen, die Insektenmittel, Verbandszeug, Schmerzmittel und persönliche Medizin enthält. Prophylaktische Gesundheitsmaßnahmen sind nicht erforderlich, Impfungen nicht vorgeschrieben. Wer jedoch in die feuchten Gebiete des Nordens reist – Etosha, Kavango, Caprivi und Ovambo –, sollte eine Malaria-Prophylaxe durchführen. Europäer vertragen das überwiegend trockene Klima mit wenig Luftfeuchtigkeit fast durchweg gut, wenn sie ausreichend Flüssigkeit aufnehmen und den durch Schwitzen verursachten Salzverlust ausgleichen. Die Aids-Gefahr in Namibia ist weitaus geringer als in anderen afrikanischen Ländern. Gelegentlich kommt es bei Safaris zu Schlangenbissen und Skorpionstichen, weshalb bei derartigen Exkursionen feste Stiefel getragen werden sollten. Wichtig sind auch Sonnenbrille, Sonnenschutzmittel und Kopfbedeckung.

JAGDFARMEN UND -SAFARIS

Das Jagen ist nur auf dem Gelände einer Farm erlaubt. Wenn der Jagdeigentümer zustimmt, ist die Jagd das ganze Jahr über möglich; für einheimische Jäger ist die Jagdzeit beschränkt auf April–Nov. Ausländische Jagdtouristen benötigen einen Jagdschein, der ausgestellt wird vom *Directorate for Nature Conservation and Recreation Resorts, Windhoek, John Meinert/Moltkestr., Private Bag 13306, Tel. 061/26 31 31, Mo–Fr 8–13 und 14–16.30 Uhr.* Vor der Ausstellung muß nachgewiesen werden, daß auf einer Farm oder unter Aufsicht eines Jagdführers gejagt wird (Buchungsbestätigung). Erlaubt ist die Mitnahme des eigenen Jagdgewehrs unter Vorweis des Waffenscheins und der Einladung eines Farmbetreibers, der eine Jagdlizenz hat. Das Namibia-Verkehrsbüro in Bad Homburg berät bzgl. der Modalitäten, vermittelt Adressen von Farmen und Teilnahmemöglichkeiten an Jagdsafaris, ebenso die Naturschutzbehörde (s. o.) und die *Namibia Professional Hunting Association (NAPHA), P. O. Box 11291, Windhoek, Tel. 061/23 44 55, Fax 22 25 67*

KLIMA

Die angenehmste Reisezeit ist von März bis Mai und von August bis Oktober. Der heiße Sommer der Südhalbkugel zwischen Oktober und April (Achtung: Regenzeit!) läßt sich am besten am Atlantik überstehen. Allerdings steigt die Wassertemperatur selten über 18 Grad.

MIETWAGEN

Am Airport in Windhoek, in der Hauptstadt sowie in Swakopmund und Walvis Bay (Adressen im jeweiligen Kapitel) sind neben vielen anderen auch die internationalen Firmen, wie Avis oder

Budget, vertreten. Es ist günstiger, hier einen Mietwagen zu nehmen, als sich erst unterwegs dafür zu entscheiden. Überführungen, etwa in den Etosha-Nationalpark, werden zwar von den Verleihern angeboten, sind aber mit einem erheblichen Aufpreis verbunden. Wer nach Südafrika weiterfährt, kann auch dort den Wagen abgeben, muß dies aber dem Vermieter mitteilen, am besten bei der Anmietung. Wer bereits zu Hause bucht – auch über Reisebüros möglich –, erhält meist günstigere Raten und kann den Wagen gleich am Flughafen übernehmen. Wer mit einem Wohnmobil oder einem Allradwagen das Land erkunden möchte, sollte sich den namibischen Spezialisten anvertrauen. In Windhoek wende man sich wegen allradgetriebener Fahrzeuge an *Kessler 4x4 Hire, P. O. Box 20274, Mandume Ndemufayo 72* (früher Talstr.), *Tel. 061/22 76 38, Fax 22 76 65;* wegen eines Wohnmobils an *Camper Hire, P. O. Box 20789, Brockstr. 12 (Klein Windhoek), Tel. 061/22 21 99.* Am preisgünstigsten fahren Sie, wenn Sie Wochentarife mit unbegrenzter Kilometerzahl vereinbaren. Öfters wird eine Kaution verlangt *(5000 bis 8000 N$).* Der Tagestarif für einen zweiradgetriebenen Wagen beginnt bei etwa *80 N$.* Der Benzinpreis ist fast um die Hälfte niedriger als in Europa. Verlangt wird ein gültiger internationaler Führerschein. Vor Übernahme des Mietwagens sollte man seinen Zustand prüfen und vor allem auf die Beschaffenheit der Reifen und des Reserverads achten. Auch ein Reservekanister gehört sicherheitshalber zur Grundausstattung.

NOTRUF

Für ganz Namibia: *101 11.* Polizeistationen gibt es im weiten Land nur in größeren Ortschaften.

ÖFFNUNGSZEITEN

Die Geschäfte sind Mo–Fr 8.30 bzw. 9–13 und 14.30–17.30 (Winter) bzw. 15–18 Uhr geöffnet, Sa 8.30–13 Uhr. Supermärkte durchgehend von 8–18 Uhr

POST

Namibias Postverkehr ist gut ausgebaut und preiswert. Weil viele Häuser keine Hausnummer besitzen und es auch keine Hauszustellung gibt, spielt die Postfachnummer (P. O. Box oder Private Bag) eine große Rolle. Sie sollte stets exakt angegeben werden. Wer im Land Briefe oder Postkarten absenden will, tut dies am besten im Postamt. Briefkästen sind nur in den Städten und dort auch nicht ausreichend vorhanden. Luftpostbriefe nach Europa sind durchschnittlich eine Woche unterwegs. Nach der Unabhängigkeit ist die Postleitzahl 9000 für alle Orte entfallen, wird aber immer noch auch von offiziellen Institutionen gebraucht.

SITTEN

Auf dem Land gilt die Regel: Grüßen und nochmals grüßen. Wer selbst einen nur zufällig vorbeikommenden Fremden nicht grüßt, mißhandelt ihn.

STROMSPANNUNG

220 Volt, teilweise sind dreipolige Stecker erforderlich. Die not-

wendigen Zwischenstecker sind im Land erhältlich.

TELEFON

Namibias Telefonnetz ist recht ordentlich ausgebaut. Bei *Anrufen ins Ausland* wird zuerst der internationale Code gewählt (09), dann der Landescode (Deutschland 49, Österreich 43, Schweiz 41), dann die Ortskennzahl (ohne 0), zuletzt die Teilnehmernummer. *Von Europa aus* ist Namibia unter der internationalen Vorwahl 00264 zu erreichen. Die darauffolgende 0 in der Ortsvorwahl fällt weg (61 z.B. für Windhoek, 641 für Swakopmund). Fernsprechzellen stehen nicht ausreichend zur Verfügung. Es ist üblich, von Restaurants und Geschäften aus anzurufen, auf dem Land kann man sich in Notfällen an ein Privathaus wenden. Auf dem Land gibt es auch die Eigentümlichkeit der sogenannten Farmlinien *(partylines)*. Bis zu einem Dutzend weitverstreuter Farmerfamilien hängen an einer Linie. Der einzelne Farmer erkennt am Rufzeichen, das das Morse-Alphabet zur Grundlage hat, ob er angeklingelt wird. Das namibische Telefonbuch ist überall dort vorhanden, wo sich ein Telefon befindet. Zur Zeit gibt es viele Änderungen bei Telefonnummern.

TRINKGELD

Nicht zu knausrig sein! Kellner und Taxifahrer bekommen zehn Prozent, Zimmermädchen und Kofferträger eine angemessene finanzielle Zuwendung. Das Bedienungspersonal ist auf den *tip* angewiesen.

TRINKWASSER

Im Gegensatz zu anderen afrikanischen Staaten ist die Qualität des Trinkwassers in Namibia hervorragend. Vorsichtsmaßnahmen wie Abkochen sind nicht nötig.

UNTERKUNFT

Hotels und Pensionen, Touristen-Camps und Wohnwagenparks sind staatlich klassifiziert (1–4 Sterne). Auch Gästefarmen unterliegen diesem Bewertungsraster. Die Preise haben in den letzten Jahren angezogen, sind aber nirgendwo überhöht. Die namibischen Verkehrsämter geben jedes Jahr einen Beherbergungsführer heraus.

VERKEHRSMITTEL

Der *Mainliner-Bus* ist schnell, preiswert und komfortabel. *(Auskünfte und Reservierung Tel. 061/ 22 78 47.)* Allerdings verbindet er nur die größeren Orte miteinander. Die Gebiete nördlich von Tsumeb sind nicht angebunden. Private Minibusse werden nur von den *townships* aus betrieben und fast ausschließlich von der schwarzen Bevölkerung genutzt. Namibia auf Schienen ist in puncto Tempo, Frequenz und Verkehrsverbindungen nur Eisenbahnliebhabern ans Herz zu legen. Fazit: Mit öffentlichen Verkehrsmitteln steht es nicht zum besten. Wer das Land individuell durchstreifen will, kommt am Mietwagen nicht vorbei.

ZEIT

Ab Anfang April bis Anfang Sept. gilt in Namibia die Winterzeit, dann geht nach namibischer Zeit die Uhr im Vergleich zur mitteleuropäischen Sommerzeit eine Stunde nach.

ZEITUNGEN

Es gibt keine Tageszeitungen aus Deutschland. Die namibische, in Windhoek in geringer Auflage erscheinende, deutschsprachige »Allgemeine Zeitung« ist nicht mehr so plakativ konservativ wie früher, aber wegen der miserablen Druckqualität und orthographischer Ungereimtheiten nicht durchweg ein wahrer Lesegenuß, mitunter jedoch nützlich als Informationsquelle. Magazine wie »Spiegel«, »Stern« oder »Bunte«, die hier und da verkauft werden, sind oft mehrere Wochen alt. Am aktuellsten sind Leser informiert, die Englisch beherrschen: Südafrikanische Publikationen sind vielerorts zu haben.

ZOLL

Das persönliche Reisegepäck ist zollfrei. Ohne Aufschlag dürfen bei der Einfuhr in Namibia Geschenke bis zum Wert von 200 N$ mitgeführt werden. Bei der Rückkehr nach Deutschland Waren im Wert bis zu 350 Mark (Artenschutzabkommen beachten, s. S. 21).

WETTER IN WINDHOEK

Die monatlichen Durchschnittswerte im Überblick

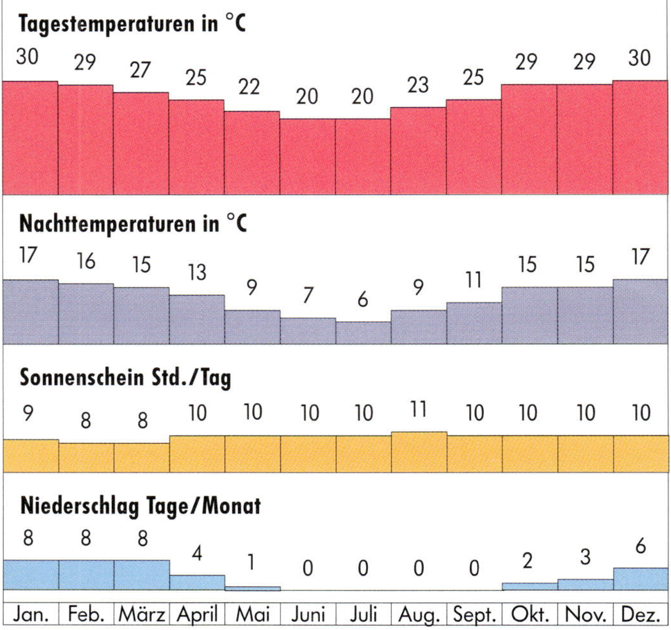

Bloß nicht!

Worauf man achten sollte, um sich nicht zu ärgern oder zu gefährden

Im Wildpark das Fahrzeug verlassen
In den Nationalparks Etosha und Caprivi ist während der Safari-Tour das Aussteigen aus Auto oder Bus grundsätzlich verboten. Auch die Camps dürfen nicht zu Fuß verlassen werden, schon gar nicht nachts. Trotzdem gibt es immer wieder unvernünftige Touristen, die sich z.B. auf das Dach ihres Autos stellen, um besser fotografieren zu können, oder schnell mal hinterm Busch ein »Geschäft« erledigen wollen. Das kann tödlich sein! Wildhüter können sehr drastisch schildern, was passiert, wenn eine Oryxantilope einen Neugierigen auf die Hörner nimmt, eine Löwin ihr Junges bedroht wähnt oder gar ein Elefant erst einmal in Bewegung gegen ein feindliches Objekt gekommen ist – zu stoppen ist er dann nicht mehr.

Mit zu wenig Ausrüstung auf Tour gehen
Namibias Straßensystem ist beachtlich, doch bei Reifenpanne oder Motorschaden sollte man sich zu helfen wissen. Zu bedenken ist vor allem, daß Tankstellen, Übernachtungsmöglichkeiten und Wasserstellen oft bis zu 200 km auseinanderliegen. Jede Fahrt sollte gut geplant sein. Wer die Hauptrouten verläßt und in Naturschutzgebiete oder die Wüste fährt, sollte neben obligatorischen Ersatzreifen auch Sandbleche, Schaufeln und eine Winde dabeihaben. In unwirtlichen Gebieten ist das unter Umständen überlebenswichtig.

Deutsch-Südwester arrogant behandeln oder verspotten
Es ist schon vorgekommen, daß Besucher von Museen, in denen neben Devotionalien aus der Zeit vor dem Ersten Weltkrieg auch deutsche Militaria ausgestellt werden, ihre Visite im Gästebuch mit der Eintragung »Deutschland verrecke« beendeten. Dafür haben die Nachfahren der Schutztruppler und Siedler kein Verständnis. Sie wollen Kaiser- und Nazizeit, zwei unterschiedliche Epochen, nicht in einen Topf geworfen haben.

Mit Fotoausrüstung oder Videokamera durch Katutura
Die in den sechziger Jahren erbaute Schwarzensiedlung gehört zu den besonders interessanten und lebendigen Vierteln Windhoeks. Aber wer Menschen, die in überwiegend ärmlichen Verhältnissen leben, mit glänzender Elektronik provoziert, die für sie selbst unerschwinglich ist, darf sich nicht wundern, wenn er auf provozierende Reaktionen stößt.

Sprechen und Verstehen ganz einfach

Zur Erleichterung der Aussprache sind alle englischen Wörter mit einer einfachen Aussprache (in eckigen Klammern) versehen. Folgende Zeichen sind Sonderzeichen:

ə	nur angedeutetes »e« wie in bitte
θ	[s] gesprochen mit der Zungenspitze zwischen den Zähnen

AUF EINEN BLICK

Ja./Nein.	Yes. [jäs]/No. [nəu]
Vielleicht.	Perhaps. [pə'häps]/Maybe. ['mäibih]
Bitte.	Please. [plihs]
Danke.	Thank you. ['θänkju]
Vielen Dank!	Thank you very much. ['θänkju 'wäri 'matsch]
Gern geschehen.	You're welcome. [joh 'wälkəm]
Entschuldigung!	I'm sorry! [aim 'sori]
Wie bitte?	Pardon? ['pahdn]
Ich verstehe Sie/dich nicht.	I don't understand. [ai dəunt andə'ständ]
Ich spreche nur wenig ...	I only speak a bit of ... [ai 'əunli spihk ə'bit əw ...]
Können Sie mir bitte helfen?	Can you help me, please? ['kən ju 'hälp mi plihs]
Ich möchte ...	I'd like ... [aid'laik]
Das gefällt mir (nicht).	I (don't) like it. [ai (dəunt) laik‿it]
Haben Sie ...?	Have you got ...? ['həw ju got]
Wieviel kostet es?	How much is it? ['hau'matsch is it]
Wieviel Uhr ist es?	What time is it? [wot 'taim is it]

KENNENLERNEN

Guten Morgen!	Good morning! [gud 'mohning]
Guten Tag!	Good afternoon! [gud ahftə'nuhn]
Guten Abend!	Good evening! [gud 'ihwning]
Hallo! Grüß dich!	Hello! [hə'ləu]/Hi! [hai]
Mein Name ist ...	My name is ... [mai näims ...]
Wie ist Ihr/Dein Name?	What's your name? [wots joh 'näim]
Wie geht es Ihnen/dir?	How are you? [hau 'ah ju]
Danke. Und Ihnen/dir?	Fine thanks. And you? ['fain θänks, ənd 'ju]
Auf Wiedersehen!	Goodbye!/Bye-bye! [gud'bai/bai'bai]
Tschüs!	See you!/Bye! [sih ju/bai]
Bis bald!	See you soon! [sih ju 'suhn]
Bis morgen!	See you tomorrow! [sih ju tə'mərəu]

Auskunft

links/rechts	left [läft]/right [rait]
geradeaus	straight on [sträit 'on]
nah/weit	near [niə]/far [fah]
Bitte, wo ist …?	Excuse me, where's …, please? [iks'kjuhs 'mih 'weəs … plihs]
Welches ist der kürzeste Weg nach/zu …?	Which is the quickest way to …? ['witsch‿is θə 'kwikist wäi tə …]
Wie weit ist das?	How far is it? ['hau 'fahr‿is‿it]
Ich möchte …	I'd like to hire … [aid'laik tə 'haiə]
… ein Auto	… a car [ə 'kah]
… ein Motorrad	… a motorbike [ə 'məutəbaik]
für … Tage/eine Woche mieten.	… for … days/for a week. [fə'…'däis/fər‿ə 'wihk]

Panne

Ich habe eine Panne.	My car's broken down. [mai 'kahs 'brəukn 'daun]
Würden Sie mir bitte einen Abschleppwagen schicken?	Would you send a breakdown truck, please? ['wud ju sänd ə 'bräikdaun trak plihs]
Gibt es hier in der Nähe eine Werkstatt?	Is there a garage nearby? ['is θeə‿ə 'gärahdsch 'niərbai]

Tankstelle

Wo ist die nächste Tankstelle?	Where's the nearest petrol station? ['weəs θə 'niərist 'pätrəlstäischn]
Ich möchte … Liter …	… litres of … ['lihtəs əw]
… Normalbenzin.	… three-star, ['θrihstah]
… Super.	… four-star, ['fohstah]
… Diesel.	… diesel, ['dihsl]
… bleifrei/verbleit.	… unleaded/leaded, please. [an'lädid/'lädid plihs]
Volltanken, bitte.	Full, please. ['ful plihs]

Unfall

Hilfe!	Help! [hälp]
Achtung!	Attention! [ə'tänschn]
Vorsicht!	Look out! ['luk 'aut]
Rufen Sie bitte …	Please call … ['plihs 'kohl]
… einen Krankenwagen.	… an ambulance. [ən 'ämbjuləns]
… die Polizei.	… the police. [θə pə'lihs]
… die Feuerwehr.	… the fire-brigade. [θə 'faiəbri,gäid]
Es war meine Schuld.	It was my fault. [it wəs 'mai 'fohlt]
Es war Ihre Schuld.	It was your fault. [it wəs 'joh 'fohlt]
Geben Sie mir bitte Ihren Namen und Ihre Anschrift.	Please give me your name and address! [plihs giw mi joh 'näim ənd ə'dräs]

UNTERHALTUNG

Wo gibt es hier …	Is there … here? ['is θeər … 'hiə]
… ein gutes Restaurant?	… a good restaurant [ə 'gud 'rästərohng]
… ein typisches Restaurant?	… a restaurant with local specialities [ə 'rästərohng wiθ 'ləukl ,späschi'älitis]
Reservieren Sie uns bitte für heute abend einen Tisch für 3 Personen.	Would you reserve us a table for three for this evening, please? ['wud ju ri'söhw əs ə 'täibl fə 'θrih fə θis 'ihwning plihs]
Auf Ihr Wohl!	Cheers! [tschiəs]
Das gleiche noch einmal.	The same again. [θə 'säim ə'gän]
Diese Runde übernehme ich.	This round's on me. ['θis raunds‿on 'mih]
Bezahlen, bitte.	Could I have the bill, please? ['kud ai häw θə 'bil plihs]
Haben Sie einen Veranstaltungskalender?	Have you got a diary of events? [həw ju got‿ə 'daiəri‿əw i'wänts]

EINKAUFEN

Wo finde ich …?	Where can I find …? ['weə 'kən‿ai 'faind …]
Apotheke	chemist's [kämists]
Bäckerei	baker's [bäikəs]
Fotoartikel	photographic materials [,fəutə'gräfik mə'tiəriəls]
Kaufhaus	department store [di'pahtmənt stoh]
Lebensmittelgeschäft	food store ['fuhd stoh]
Markt	market ['mahkit]

ÜBERNACHTUNG

Können Sie mir bitte … empfehlen?	Can you recommend …, please? [kən ju ,räkə'mänd … plihs]
… ein Hotel	… a hotel [ə həu'täl]
… eine Pension	… a guest-house [ə 'gästhaus]
Ich habe bei Ihnen ein Zimmer reserviert.	I've reserved a room. [aiw ri'söhwd‿ə 'ruhm]
Haben Sie noch …	Have you got … [həw ju got]
… ein Einzelzimmer	… a single room [ə 'singl ruhm]
… ein Doppelzimmer	… a double room [ə 'dabl ruhm]
… mit Dusche/Bad?	… with a shower/bath? [wiθ ə 'schauə/'bahθ]
… für eine Nacht?	… for one night? [fə wan 'nait]
… für eine Woche?	… for a week? [fə ə 'wihk]
Was kostet das Zimmer mit …	How much is the room with … ['hau 'matsch is θə ruhm wiθ]
… Frühstück?	… breakfast? ['bräkfəst]
… Halbpension?	… half board? ['hahf'bohd]
… Vollpension?	… full board? ['ful'bohd]

Arzt

Können Sie mir einen guten Arzt empfehlen?	Can you recommend a good doctor? [kən ju ,räkə'mänd ə gud 'doktə]
Ich habe hier Schmerzen.	I've got pain here. [aiw got päin 'hiə]
Ich habe Fieber.	I've got a temperature. [aiw got‿ə tämpritschə]

Bank

Wo ist hier bitte …	Where's the nearest … [weəs θə 'niərist]
… eine Bank?	… bank? [bänk]
… eine Wechselstube?	… exchange-office? [iks'tschäinsch‿ofis]
Ich möchte … DM (Schilling, Schweizer Franken) wechseln.	I'd like to change … Marks (Austrian shillings, Swiss francs). [aid laik tə tschäinsch … 'mahks ('ostriən 'schillings/'swis 'fränks)]

Post

Was kostet …	How much is … ['hau 'matsch is]
… ein Brief …	… a letter … [ə 'lätə]
… eine Postkarte …	… a postcard … [ə pəustkahd]
… nach Deutschland?	… to Germany? [tə 'dschöhməni]
… nach Österreich?	… to Austria? [tu‿'ostriə]
… in die Schweiz?	… to Switzerland? [tə 'switsələnd]

Zahlen

0	zero, nought [siərəu, noht]	19	nineteen [,nain'tihn]
1	one [wan]	20	twenty ['twänti]
2	two [tuh]	21	twenty-one [,twänti'wan]
3	three [θrih]	30	thirty ['θöhti]
4	four [foh]	40	forty ['fohti]
5	five [faiw]	50	fifty ['fifti]
6	six [siks]	60	sixty ['siksti]
7	seven ['säwn]	70	seventy ['säwnti]
8	eight [äit]	80	eighty ['äiti]
9	nine [nain]	90	ninety ['nainti]
10	ten [tän]	100	a (one) hundred ['ə (wan) 'handrəd]
11	eleven [i'läwn]		
12	twelve [twälw]	1000	a (one) thousand ['ə (wan) 'θausənd]
13	thirteen [θöh'tihn]		
14	fourteen [,foh'tihn]	10000	ten thousand ['tän 'θausənd]
15	fifteen [,fif'tihn]		
16	sixteen [,siks'tihn]	1/2	a half [ə 'hahf]
17	seventeen [,säwn'tihn]	1/4	a (one) quarter ['ə (wan) 'kwohtə]
18	eighteen [,äi'tihn]		

Menu
Speisekarte

BREAKFAST	FRÜHSTÜCK
coffee (with cream/milk) ['kofi (wiθ 'krihm/'milk)]	Kaffee (mit Sahne/Milch)
decaffeinated coffee [di'käfin,äitid 'kofi]	koffeinfreier Kaffee
hot chocolate ['hot 'tschoklit]	heiße Schokolade
tea (with milk/lemon) [tih (wiθ 'milk/'lämen)]	Tee (mit Milch/Zitrone)
scrambled eggs ['skrämbld 'ägs]	Rühreier
poached eggs ['pəutscht 'ägs]	verlorene Eier
bacon and eggs ['bäikn ən 'ägs]	Eier mit Speck
fried eggs ['fraid 'ägs]	Spiegeleier
hard-boiled/soft-boiled eggs ['hahdboild/'softboild ägs]	harte/weiche Eier
(cheese/mushroom) omelette [(tschihs/'maschrum/tə'mahtəu)'omlit]	(Käse-/Champignon-)Omelett
bread/rolls/toast [bräd/rəuls/təust]	Brot/Brötchen/Toast
butter ['batə]	Butter
honey ['hani]	Honig
jam/marmelade [dschäm/'mahməläid]	Marmelade/Orangen-marmelade
muffin ['məfin]	Küchlein
yoghurt ['jogət]	Joghurt
fruit ['fruht]	Obst

HORS D'ŒUVRES/SOUPS	VORSPEISEN/SUPPEN
ham [häm]	Schinken
onion rings ['ənjən rings]	fritierte Zwiebelringe
shrimp/prawn cocktail ['schrimp/'prohn 'koktäil]	Garnelen-/Krabbencocktail
smoked salmon ['sməukt 'sämən]	Räucherlachs
seafood salat [sifuhd säləd]	Meeresfrüchtesalat
clear soup/consommé [kliə suhp/kən'somäi]	Fleischbrühe
cream of chicken soup [krihm əw 'tschikin suhp]	Hühnercremesuppe
oxtail soup ['okstäil suhp]	Ochsenschwanzsuppe
cream of tomato soup [krihm‿əw tə'mahtəu suhp]	Tomatencremesuppe
vegetable soup ['wädschtəbl suhp]	Gemüsesuppe

FISH/SEAFOOD	FISCH/MEERESFRÜCHTE
cod [kod]	Kabeljau
crab [kräb]	Krebs
eel [ihl]	Aal
haddock ['hädək]	Schellfisch
herring ['häring]	Hering
lobster ['lobstə]	Hummer
mussels ['masls]	Muscheln
oysters ['oistəs]	Austern
perch [pöhtsch]	Barsch
plaice [pläis]	Scholle
salmon ['sämən]	Lachs
sole [səul]	Seezunge
squid [skwid]	Tintenfisch
trout [traut]	Forelle
tuna ['tjuhnə]	Thunfisch

MEAT AND POULTRY	FLEISCH UND GEFLÜGEL
barbequed spare ribs ['bahbəkjuhd 'speə ribs]	gegrillte Schweinerippchen
beef [bihf]	Rindfleisch
chicken ['tschikin]	Hähnchen
chop/cutlet [tschop/'katlit]	Kotelett
fillet (steak) ['filit (stäik)]	Filet(steak)
duck(ling) ['dak(ling)]	(junge) Ente
gammon ['gämən]	Schinkensteak
gravy ['gräivi]	Fleischsoße
ham [häm]	Schinken
hamburger ['hämböhgə]	Hamburger
kidneys ['kidnis]	Nieren
lamb (with mint sauce) [läm (wiθ 'mint 'sohs)]	Lamm (mit einer sauren Minzsoße)
liver (and onions) ['liwə(r ən 'anjəns)]	Leber (mit Zwiebeln)
minced beef ['minst 'bihf]	Hackfleisch vom Rind
mutton ['matn]	Hammelfleisch
pork [pohk]	Schweinefleisch
rabbit ['räbit]	Kaninchen
rissoles ['risəuls]	Frikadellen
rump steak ['ramp stäik]	Rumpsteak
sausages ['sosidschis]	Würstchen
sirloin steak ['söhloin stäik]	Lendenstück vom Rind
T-bone steak ['tihbəun stäik]	Rindersteak mit T-förmigem Knochen
turkey ['töhki]	Truthahn
veal [wihl]	Kalbfleisch
venison ['wänisn]	Reh oder Hirsch

VEGETABLES AND SALAD	GEMÜSE UND SALAT
baked beans ['bäikt 'bihns]	gebackene weiße Bohnen in Tomatensoße
baked potatoes [bäikt pə'täitəus]	gebackene Pellkartoffeln
beetroot ['bihtruht]	Rote Bete
cabbage ['käbidsch]	Kohl
carrots ['kärəts]	Karotten
cauliflower ['koliflauə]	Blumenkohl
chef's salad ['schefs 'säləd]	Salat mit Schinkenstreifen, Tomaten, Käsestreifen, Oliven
chips/French fries [tschips/'fränsch 'frais]	Pommes frites
corn-on-the-cob ['kohn‿on θə 'kob]	Maiskolben
cucumber ['kjuhkamba]	Gurke
fritters/ hash browns ['fritəs/'häsch bräuns]	Bratkartoffeln
leek ['lihk]	Lauch
lentils ['läntils]	Linsen
lettuce ['letis]	Kopfsalat
mashed potatoes [mäscht pə'täitəus]	Kartoffelbrei
mushrooms ['maschrums]	Pilze
onions ['anjəns]	Zwiebeln
peas ['pihs]	Erbsen
peppers ['päpəs]	Paprika
pumpkin ['pampkin]	Kürbis
spinach ['spinidsch]	Spinat
sweetcorn ['swihtkohn]	Mais
tomatoes [tə'mahtəus]	Tomaten
turnips ['təhnips]	Rüben

DESSERT AND CHEESE	NACHSPEISEN UND KÄSE
apple pie ['äpl 'pai]	gedeckter Apfelkuchen
brownie ['bräuni]	Schokoladenplätzchen
Cheddar ['tschädə]	kräftiger Käse
Cottage cheese ['kotidsch 'tschihs]	Hüttenkäse
cream [krihm]	Sahne
custard ['kastəd]	Vanillesoße
fruit cake ['fruht käik]	Kuchen mit viel Korinthen, Rosinen usw.
fruit salad [fruht 'säləd]	Obstsalat
goat's cheese ['gəuts ,tschihs]	Ziegenkäse
ice-cream ['ais'krihm]	Eiscreme
pancakes ['pänkäiks]	Pfannkuchen
pastries ['päistris]	Gebäck
rice pudding ['rais 'puding]	Reisbrei
stewed fruit ['stjuhd 'fruht]	Kompott

FRUIT	OBST
apples ['äpls]	Äpfel
apricots ['äiprikots]	Aprikosen
blackberries ['bläkbris]	Brombeeren
cherries ['tschäris]	Kirschen
dates [däits]	Datteln
figs [figs]	Feigen
gooseberries ['gusbəris]	Stachelbeeren
grapes [gräips]	Weintrauben
lemon ['lämən]	Zitrone
melon ['mälən]	Melone
oranges ['orindschis]	Orangen
peaches ['pihtschis]	Pfirsiche
pears [peəs]	Birnen
pineapple ['pain,äpl]	Ananas
plums [plams]	Pflaumen
rhubarb ['ruhbahb]	Rhabarber
strawberries ['strohbris]	Erdbeeren

Beverages
Getränkekarte

ALCOHOLIC DRINKS	ALKOHOLISCHE GETRÄNKE
beer [biə]	Bier
brandy ['brändi]	Schnaps
champagne [schäm'pain]	Champagner
cider ['saidə]	Apfelwein
cognac ['konjäk]	Kognac
red/white wine [räd/wait wain]	Rot-/Weißwein
dry/sweet [drai/swiht]	trocken/lieblich
sparkling wine ['spahkling wain]	Sekt
table wine ['täibl wain]	Tafelwein

SOFT DRINKS	ALKOHOLFREIE GETRÄNKE
alcohol-free beer ['älkəhol,frih 'biə]	alkoholfreies Bier
fruit juice ['fruht dschuhs]	Fruchtsaft
lemonade [,lämə'näid]	Limonade
milk ['milk]	Milch
mineral water ['minrl ,wohtə]	Mineralwasser
root beer ['rut ,biə]	süße, dunkle Limonade
soda water ['səudə ,wohtə]	Selterswasser
tomato juice [tə'mahtəu dschuhs]	Tomatensaft

Enthalten sind alle in diesem Führer beschriebenen Orte und Sehenswürdigkeiten. Kursive Einträge verweisen auf Bilder, halbfette auf den Haupteintrag.

Ai-Ais Hot Springs 79
Aus 79
Bird Island (Walvis Bay) 74
Brandbergmassiv 55
Cape Cross (Robbenkolonie) 65
Caprivi-Zipfel 8, **43,** 94
Damaraland 54
Diaz Point 85
Dordabis 32
Duwisib Castle 37
Epupa Falls 15, **54**
Etosha-Nationalpark **45,** 94
Etosha-Pfanne 46
Fingerklippe *56,* 57
Fish River Canyon 80
Fort Namutoni (Etosha) 47
Giants' Playground 81, *82*
Gibeon 28, **38**
Grootfontein 34
– Museum Grootfontein 34
Groß Barmen 39
Hardap Dam 37
Hell Bend 80
Hentiesbaai 64
Hoba-Meteorit (Grootfontein) 34
Huns-Berge 10
Kaokoveld 52, *53*
Karibib 35
Katima Mulilo 44
Katutura **28,** 94
Keetmanshoop 78
Khomasdal 28
Khorixas 54
Köcherbaumwald *76,* 81
Königstein 55
Kolmanskop 86
Kreuzkap (Robbenkolonie) 65
Kunene-Fluß 53
Kuwarib-Schlucht 53
Kwando (Namushasha Lodge) 45
Lizauli (Lianshulu Lodge) 45
Lüderitz **82**
– Innenstadt 83
– Historisches Museum 83
Maltahöhe 36
Mariental 38
Mondtal 65
Mudumu-Nationalpark (Lianshulu Lodge) 45
Namib Naukluft Park 71
Namib-Wüste *70,* 71
Naukluft-Gebirge 72
Okahandja 23, **38**
Okavango *14,* 44
Omburo Ost (Felszeichnungen) 5, 57
Opuwo 53
Oranje 7
Oranjemund (Sperrgebiet) 86
Orupembe 53
Otavi 49
Otjikoto Lake 49
Otjipateraberge (Etusis Lodge) 35
Otjiwarongo (Krokodilfarm) 41
Outjo 39
– Outjo Museum 39
Pelican Point (Walvis Bay) 74
Popa Falls 45
Rehoboth 40
– Rehoboth Museum 40
Rock Art 5, 57
Rössing-Mine 66
Sesfontein 53
Sesriem 73
Skeleton Coast Park (Skelettküste) 66
Sossusvlei 73
Sperrgebiet Oranjemund 86
Spitzkoppe 69
Straußenfarm (Grootfontein) 34
Sturmvogelbucht 86
Swakopmund 23, **57,** *59*
– Innenstadt 58
– Marine-Aquarium 60
– Swakopmund-Museum 60
Terrace Bay 68
Torra Bay 68
Tsibab-Schlucht 55
Tsumeb 47
– Tsumeb Museum 48
Twyfelfontein *4,* 55
Ugab 68
Uys Myn 55
Versteinerter Wald 56
Vingerklip *56,* 57
Von Bach Dam 39
Von Bach Recreation Resort 39
Walvis Bay 11, **74**
Waterberg 40, *41*
Welwitschia Nature Drive *50,* 65
White Lady 55
Windhoek 23, *24,* **25,** *27, 29*
– Alte Feste 29
– Innenstadt 27
– Katutura **28,** 94
– Khomasdal 28
– Nationalgalerie 29
– Transnamib Museum 29

Was bekomme ich für mein Geld?

Bis 1993 war der südafrikanische Rand Zahlungsmittel in Namibia. Die Einführung des namibischen Dollars (N$) wird mittlerweile als Erfolg gewertet. Der N$ liegt bei 0,35 Mark. Durch die Forcierung des Fremdenverkehrs haben die Preise zwar überall angezogen, liegen aber durchweg noch unter europäischem Niveau.

Zudem ist das Preis-Leistungs-Verhältnis in dem südwestafrikanischen Land ausgeglichen, und die Preisentwicklung scheint sich derzeit zu stabilisieren.

Für Dienstleistungen werden in Namibia keine exorbitanten Preise verlangt. Einfache Restaurants sind billig, die vorherrschende Mittelklassegastronomie ist durchweg preiswert, und selbst in den wenigen Nobelrestaurants wird niemand übervorteilt. Touristische Leistungen wie Stadtrundfahrten liegen in ihrer Preisgestaltung immer noch leicht unter der in Mitteleuropa. Taxifahren ist kein teures Vergnügen. Karten für Museum, Kino oder Disko sind gar meist nur Pfennigware. Auch alkoholische Getränke sind billiger als in Europa; allenfalls einige südafrikanische Spitzenweine werden hochpreisig verkauft. Als Faustregel gilt: Alles, was importiert ist, kostet mehr. Das betrifft auch kunsthandwerkliche Erzeugnisse.

DM	N$	N$	DM
1	2,86	1	0,35
2	5,71	2	0,70
3	8,57	3	1,05
4	11,43	4	1,40
5	14,29	5	1,75
10	28,57	10	3,50
20	57,14	15	5,25
30	85,71	20	7,00
40	114,29	30	10,50
50	142,86	40	14,00
60	171,43	50	17,50
70	200,00	60	21,00
80	228,57	70	24,50
90	257,14	80	28,00
100	285,71	90	31,50
200	571,43	100	35,00
300	857,14	250	87,50
500	1.428,57	500	175,00
750	2.142,86	1.000	350,00
1.000	2.857,14	2.000	700,00

Bei Scheckzahlung/Automatenabhebung am Urlaubsort berechnet die Heimatbank die obenstehenden Kurse. Stand: August 1997